國際金融
理論與實務

主　編○朱　靖
副主編○劉　鐵、肖　嵐

前 言

國際金融理論與實務是經濟類各專業的一門重要的專業基礎課程，其研究對象是國際貨幣金融關係，其目標是闡述國際金融關係發展的歷史與現狀，揭示國際貨幣流通與國際資金融通的基本規律。

本教材適用於高等院校金融學專業、國際經濟與貿易專業、國際經濟專業及相關經濟學專業。

本教材的編寫遵循以下原則：

1. 定位更加強調以就業為導向。本教材力求從實際應用出發，盡量減少枯燥、不實用的理論灌輸，充分體現以行業為向導、以能力為本、以學生為中心的風格，從而使本教材更具有實用性和前瞻性，與就業市場結合得更為緊密。

2. 註重培養學生的職業技能。本教材力求避免傳統教材"全而深"的編寫模式，將教、學、做有機融為一體，在給予學生理論知識的同時，強化對學生實際操作能力的培養。

3. 採用案例導入教學的編寫模式。本教材引用了大量實際案例進行分析，密切聯繫實際，以達到編寫實訓教材的目標。這些精心設計的案例不但有利於教師授課，還可以啟發學生思考，提高其就業創業的能力。

本書編寫歷經三載，從擬定寫作大綱到最終定稿，廣泛聽取專家意見，經過多次修改和完善，終於完稿。劉鐵完成了第一章的編寫工作；肖嵐完成了第九章的編寫工作；其餘各章的編寫工作由朱靖完成。

本書在編寫過程中，參閱了大量關於國際金融的著作與教材，吸收了國內外的最新研究成果，在此一並向這些作者表示衷心的感謝。

由於編者自身學術水平有限，書中存在不足和錯誤，敬請讀者批評和指正。

朱 靖

目 錄

第一章　國際收支 …………………………………………………………（1）
　　學習目標 ……………………………………………………………（1）
　　專業術語 ……………………………………………………………（1）
　　案例導入 ……………………………………………………………（1）
　　第一節　國際收支概述 ……………………………………………（1）
　　第二節　國際收支平衡表 …………………………………………（3）
　　第三節　國際收支平衡與失衡 ……………………………………（8）
　　第四節　國際收支調節 ……………………………………………（11）
　　第五節　中國的國際收支 …………………………………………（14）
　　本章小結 ……………………………………………………………（19）
　　復習思考題 …………………………………………………………（19）
　　實訓操作 ……………………………………………………………（19）

第二章　國際儲備 …………………………………………………………（21）
　　學習目標 ……………………………………………………………（21）
　　專業術語 ……………………………………………………………（21）
　　案例導入 ……………………………………………………………（21）
　　第一節　國際儲備概述 ……………………………………………（21）
　　第二節　國際儲備管理 ……………………………………………（25）
　　第三節　中國的國際儲備 …………………………………………（28）
　　本章小結 ……………………………………………………………（30）
　　復習思考題 …………………………………………………………（30）
　　實訓操作 ……………………………………………………………（30）

第三章 外匯、匯率、匯率制度與外匯管理 (31)

學習目標 (31)

專業術語 (31)

案例導入 (31)

第一節 外匯概述 (31)

第二節 匯率概述 (34)

第三節 匯率制度概述 (41)

第四節 外匯風險及其管理 (45)

第五節 中國的匯率制度及外匯管理 (52)

本章小結 (56)

復習思考題 (57)

實訓操作 (58)

第四章 外匯交易 (59)

學習目標 (59)

專業術語 (59)

案例導入 (59)

第一節 外匯交易概述 (60)

第二節 外匯交易基本類型 (62)

第三節 外匯衍生金融產品 (73)

本章小結 (80)

復習思考題 (81)

實訓操作 (81)

第五章 國際金融市場 (82)

學習目標 (82)

專業術語 (82)

案例導入 (82)

  第一節 國際金融市場概述 ………………………………………… (83)

  第二節 歐洲貨幣市場 …………………………………………… (88)

  本章小結 ……………………………………………………………… (94)

  復習思考題 …………………………………………………………… (94)

  實訓操作 ……………………………………………………………… (95)

第六章 國際貨幣體系 …………………………………………………… (96)

  學習目標 ……………………………………………………………… (96)

  專業術語 ……………………………………………………………… (96)

  案例導入 ……………………………………………………………… (96)

  第一節 國際貨幣體系概述 …………………………………………… (97)

  第二節 國際金本位制 …………………………………………… (99)

  第三節 布雷頓森林體系 ………………………………………… (102)

  第四節 牙買加貨幣體系 ………………………………………… (105)

  第五節 區域貨幣一體化與歐洲貨幣一體化 ………………………… (107)

  本章小結 ……………………………………………………………… (111)

  復習思考題 …………………………………………………………… (111)

  實訓操作 ……………………………………………………………… (111)

第七章 國際金融機構 …………………………………………………… (112)

  學習目標 ……………………………………………………………… (112)

  專業術語 ……………………………………………………………… (112)

  案例導入 ……………………………………………………………… (112)

  第一節 國際金融機構概述 …………………………………………… (112)

  第二節 全球性國際金融機構 ………………………………………… (114)

  第三節 區域性國際金融機構 ………………………………………… (122)

  本章小結 ……………………………………………………………… (126)

  復習思考題 …………………………………………………………… (127)

實訓操作 …………………………………………………………（127）

第八章　國際資本流動 …………………………………………………（128）

　　學習目標 …………………………………………………………（128）
　　專業術語 …………………………………………………………（128）
　　案例導入 …………………………………………………………（128）
　　第一節　國際資本流動概述 ……………………………………（129）
　　第二節　國際資本流動管理 ……………………………………（133）
　　本章小結 …………………………………………………………（137）
　　復習思考題 ………………………………………………………（137）
　　實訓操作 …………………………………………………………（137）

第九章　國際金融危機 …………………………………………………（138）

　　學習目標 …………………………………………………………（138）
　　專業術語 …………………………………………………………（138）
　　案例導入 …………………………………………………………（138）
　　第一節　金融危機概述 …………………………………………（138）
　　第二節　金融危機的典型案例 …………………………………（142）
　　本章小結 …………………………………………………………（148）
　　復習思考題 ………………………………………………………（148）
　　實訓操作 …………………………………………………………（149）

參考文獻 …………………………………………………………………（150）

第一章　國際收支

學習目標

- 瞭解國際收支的概念
- 掌握國際收支平衡表各項目之間的內在聯繫
- 分析國際收支失衡的經濟影響，並利用其中的信息發展對外貿易

專業術語

國際收支　國際收支平衡表　週期性失衡　貨幣性失衡　結構性失衡

案例導入

近些年，"中國制造"逐漸在外國消費者中贏得口碑，外國消費者不僅接受"中國制造"，而且看好"中國制造"。值得註意的是，許多中國產品的零部件來自世界其他地區，因此"中國制造"的進步也體現了中國對外開放和國際化的成果。

中國是全球制造業大國，這似乎已經成爲定論，但從出口來看，我們的外資企業出口占總出口的比重連續多年超過50%；加工貿易出口占總出口的比重也超過50%；我們相當多的企業走向國際市場必要爲"貼洋牌""掛洋牌"。僅僅從這三個方面看，中國是否已經真正成爲全球重要制造業基地是值得懷疑的。

【啟示】國與國的經濟交往日益深入是當前世界經濟發展的必然趨勢，我國如何確立在未來世界經濟版圖中的地位，我國企業如何制定同世界各國企業競爭的戰略，必須從研究和分析不同類型國家的國際收支狀況開始。

第一節　國際收支概述

一、國際收支的起源與發展

在17世紀初，歐洲重商主義盛行時期，國際貿易活動頻繁展開。這時國際貿易僅僅是指有形商品的貿易。

國際金本位制崩潰以後，國際經濟交易內容和範圍逐步擴大，國際收支已從貿易收支擴展爲外匯收支。凡在國際經濟交往（包括國際借貸）中必須通過外匯進行清算的交易都屬於國際收支的範圍。

二戰後，對外貿易迅速發展，國際上各種政治、經濟、文化往來日益密切，技術、商品和勞動力的國際交流，資本流動，無償性質的捐款、贈款、僑匯等單方轉移和國際援助等都呈現迅速發展的態勢。與此同時，結算手段也日益多樣化，有許多交易並不涉及外匯收支。建立在現金基礎上的國際收支概念已不能適應國際經濟形勢的發展，國際收支的概念又有了新的改變，將其概念重心由收支轉向交易，形成了當今廣泛採用的國際收支概念。

在當今世界經濟中，國際收支是各國國民經濟的重要組成部分，是各國經濟領域的重要課題之一。一國的國際收支是否平衡，對該國的貨幣匯率和對外貿易政策的制定乃至整個國民經濟都有極其重要的影響。

二、國際收支的概念

（一）狹義概念

國際收支（Balance of Payments，BOP）是以支付為基礎統計的，一國在一定時期內（通常為一年）必須以貨幣（外匯）同其他國家立即結算支付的對外債權債務。

（二）廣義概念

國際收支是以交易為基礎統計的，一國或地區的居民與非居民在一定時期內，由於對外的政治、經濟和文化往來所產生的全部國際經濟貿易價值的總和。

三、國際收支的內涵

國際收支是一個流量概念，記錄的是一定時期的交易，具有可累加的特點。國際借貸是一個存量概念，記錄的是一定時點上一國居民對外資產和負債的總和。

國際收支與國際借貸的區別如表1.1所示。

表1.1　　　　　　　　國際收支與國際借貸

國際收支 (Balance of Payments)	時期 (A Period of Time)	一切對外發生的經濟交易	流量 (Flow)
國際借貸 (Balance of International Indebtedness)	時點 (A Point of Time)	形成債權債務關係	存量 (Stock)

國際收支記錄的國際經濟交易（International Economic Transactions）必須是一國的居民與非居民之間的經濟交易。

在國際收支統計中，居民是指一個國家經濟領土內具有一定經濟利益的經濟體。經濟領土一般包括一國的地理領土、領空、領海和鄰近水域大陸架（享有或聲稱享有捕撈和海底開採管轄權的大陸架和專屬經濟區）以及該國在世界其他的地方（如大使館、領事館、軍事基地、科學站、信息或移民辦事處、援助機構等）。

非居民是指外國政府、外國在本國的代表機構以及不在本國的個人和企業。國際機構，如聯合國、國際貨幣基金組織（International Monetary Fund，IMF）是任何國家的非居民。

特別要註意的是，居民和非居民的劃分並不是以國籍爲標準，而是以交易者的經濟利益中心所在地（Center of Economic Interest）爲標準。

如果一個經濟體在某國經濟領土內從事（或計劃從事）大規模經營活動一年或一年以上，那麼可以認爲該經濟體在這個國家具有一定的經濟利益。一國的經濟體大致可分爲四類：家庭以及組成家庭的個人、公司（包括國外直接投資者的分支機構）、非營利性機構和該經濟體中的政府。這些機構單位必須符合一定的條件才能成爲經濟體中的居民單位。

關於居民應重點明確以下幾點：

第一，所謂居民，是指在一國（或地區）的居民或營業的自然人和法人。

第二，身在國外而不代表政府的任何自然人，依據其經濟利益中心或長期居住地確定其居民身份。

第三，法人組織是其註册國（或地區）的居民。

第四，一國官方外交使節、駐外軍事人員，不論在國外的時間長短都屬派出國居民。

第五，國際機構，如聯合國、國際貨幣基金組織等是任何國家的非居民。

第六，居民由政府、個人、非營利團體和企業構成。

國際收支反應的內容是國與國之間的全部經濟交易（即經濟價值從一個經濟體向另一個經濟體的轉移）。

從內容上看，經濟交易包括：

第一，金融資產與商品勞務之間的交換（如以外匯購買商品或勞務）。

第二，商品與商品及商品與勞務之間的交換（如以貨易貨交易）。

第三，金融資產之間的交換（如以美元購買美國國債）。

第四，無償、單向的金融資產轉移（如跨國金融資產轉移）。

第五，無償、單向的商品勞務轉移（如跨國捐贈）。

前三種經濟交易，是一方向另一方提供一定數量的經濟價值，並且得到價值相等的回報的交易行爲，其實質是交換。後兩種經濟交易則是一方向另一方提供了經濟價值，而並沒有得到補償與回報，其實質是無償轉移。在這五種國際經濟交易中，不發生外匯收支的經濟交易也包含在其中，如易貨貿易、清算協定下的記帳貿易等。

第二節　國際收支平衡表

一、國際收支平衡表的概念

國際收支平衡表（Balance of Payment Presentation）是把一國的國際收支按照一定的項目分類統計的報表，集中反應了一國一定時期國際收支的具體構成和總貌。

二、國際收支平衡表的主要內容

根據國際貨幣基金組織 2008 年 12 月發布的《國際收支和國際投資頭寸手冊》（第

六版）的分類，國際收支平衡表中的全部帳戶可分爲四項，即經常帳戶、資本與金融帳戶、儲備資產、錯誤與遺漏。

(一) 經常帳戶

經常帳戶（The Current Account）又稱經常項目，是本國與他國進行經濟交易時經常發生並在整個國際收支總額中占有重要比重與地位的項目，是國際收支平衡表中最基本、最重要的項目。

經常帳戶反應一國與他國之間實際資源的轉移。

經常帳戶一般包括貨物和服務、收入、經常轉移三個二級帳戶。

1. 貨物和服務

（1）貨物。貨物（Goods）記錄因有形商品進出口而引起的收支狀況。出口記入貸方，進口記入借方，其差額稱爲貿易差額，又稱有形貿易差額。根據國際貨幣基金組織的規定，進出口商品價格均按離岸價格（Free on Board，FOB，下同）計算，但各國並不一致。在海關統計中，習慣以離岸價格計算出口價格，而以到岸價格［Cost（成本）、Insurance（保險費）、Freight（運輸費），CIF］計算進口商品價格，大多數國家在國際貿易統計中也習慣如此。因此，在國際收支平衡表中記錄進口商品的支出時，應把到岸價格的運費、保險費等一切抵岸之前的費用予以扣除，換算成離岸價格，並把運費、保險費等國外發生的費用分別列入勞務收支項目中。

在貨物項目下，除包括一般商品的出口和進口外，還包括用於加工的貨物，即運到國外進行加工的貨物的出口和運到國內進行加工的貨物的進口；貨物修理，即向非居民支付或從非居民得到的交通工具修理費；各種運輸工具在港口購買的貨物，包括居民或非居民從岸上採購的燃料和物資等；非貨幣黃金（Non-monetary Gold），即不作爲儲備資產的黃金進出口。

（2）服務。服務（Service）記錄無形貿易收支。服務輸出記入貸方，服務輸入記入借方。服務項目包括運輸、旅遊、通信、建築、保險與金融服務、計算機和信息服務、專有權利使用費和特許費以及其他商業服務等。

2. 收入

收入（Income）又稱收益，是指生產要素（包括勞動力與資本）的流動引起的報酬收支，包括職工報酬和投資收入兩項。

（1）職工報酬。職工報酬指支付給非居民工人的報酬，包括個人在非居民經濟體中爲該經濟體居民工作所得到的現金或實物形式的工資和福利。

（2）投資收入。投資收入指居民與非居民之間有關金融資產與負債的收入和支出，包括有關直接投資、證券投資和其他投資所得的收入和支出。本國居民擁有外國企業直接投資資本所有權、證券和債權（長短期貸款和存款）所得的股利、利潤和利息收入記入貸方，非居民因擁有本國企業直接投資資本所有權、證券和債權所得的股利、利潤和利息收入記入借方。特別要注意的是，投資收益記的是增值部分屬於經常項目下的收入，而收益再投資屬於資本項目。

3. 經常轉移

經常轉移（Current Transfers）包括所有非資產項目的轉移，是商品、勞務或金融資產在居民與非居民之間轉移後，並未得到補償與回報的轉移，因而又稱無償轉移或單方面轉移。外國對本國的無償轉移記入貸方，本國對外國的無償轉移記入借方。經常轉移包括政府的無償轉移和私人的無償轉移。

（1）政府的無償轉移。政府的無償轉移包括政府間經濟援助、軍事援助和捐贈、戰爭賠款，政府向國際組織定期繳納的費用以及國際組織向各國政府定期提供的轉移。

（2）私人的無償轉移。私人的無償轉移包括僑匯、繼承、捐贈、贍養費、資助性匯款和退休金等。

（二）資本與金融帳戶（The Capital and Financial Account）

1. 資本帳戶

資本帳戶（Capital Account）反應一國與他國之間的資本或金融資產的轉移。資產從居民向非居民轉移，會增加居民對非居民的債權，或減少居民對非居民的債務；資產從非居民向居民轉移，則會增加居民對非居民的債務，或減少居民對非居民的債權。因此，這個帳戶表明本國在兩個時點之間的時期內資產與負債的增減變化。

同經常帳戶記錄借方總額和貸方總額的方法不同，資本帳戶是按淨額（借貸差額）來記入借方與貸方的。資本帳戶包括資本轉移和非生產、非金融資產交易兩個部分。

（1）資本轉移。資本轉移包括投資捐贈和債務註銷。投資捐贈可以以實物形式，也可以以現金形式進行。債務註銷是指債權人放棄債務，而未得到任何回報。

（2）非生產、非金融資產交易。非生產、非金融資產交易指並非由生產創造出來的有形資產（如土地和自然資源）和無形資產（如專利權、版權、商標權等）的收買與出售。關於無形資產，經常帳戶中服務項目下記錄的是無形資產運用所引起的收支，而在資本帳戶下記錄的是無形資產所有權的買賣所引起的收支。

2. 金融帳戶

金融帳戶（Financial Account）反應居民與非居民之間由於借貸、直接投資、證券投資等經濟交易所發生的外匯收支。同資本帳戶一樣，金融帳戶記錄的也是淨額。根據功能的不同，可把金融帳戶分為直接投資、證券投資、其他投資三個部分。

（1）直接投資。直接投資（Direct Investment）反應直接投資者對在國外投資的企業擁有10%以上（含10%）的普通股或投票權，從而對該企業的管理具有的發言權。直接投資項目分爲國外和在報告經濟體兩部分，每部分都可分爲股本資本、再投資收益以及其他資本。

（2）證券投資。證券投資（Portfolio Investment）又稱間接投資，投資者對企業不享有經營管理權。一國買入證券爲資本輸出，一國賣出證券爲資本輸入。股票、債券及衍生金融工具投資都屬於證券投資。

（3）其他投資。其他投資（Other Investment）指直接投資和證券投資之外的金融交易，包括貸款、預付款、金融租賃下的貨物、貨幣和存款（指居民持有外幣和非居民持有本幣）等。

（三）儲備資產

儲備資產（Reserve Assets）是指一國貨幣當局擁有的可以用來平衡國際收支或滿

足其他交易目的的各類資產。儲備資產包括以下四類：

1. 貨幣黃金

貨幣黃金（Monetary Gold）指貨幣當局（一般爲一國的中央銀行）所持有的貨幣黃金。貨幣黃金的交易僅在一國貨幣當局與其他國家的貨幣當局或國際貨幣基金組織之間進行。

2. 外匯

外匯（Foreign Exchange）包括一國貨幣當局對非居民的債權，其形式表現爲貨幣、銀行存款、政府的有價證券、中長期債券、貨幣市場工具、派生金融產品以及中央銀行之間或政府之間各種安排下不可交易的債權。

3. 特別提款權

特別提款權（Special Drawing Rights，SDRs）是國際貨幣基金組織創設的一種儲備資產和記帳單位，又稱"紙黃金"。它是國際貨幣基金組織分配給成員國的一種使用資金的權利。成員國在發生國際收支逆差時，可用它向國際貨幣基金組織指定的其他成員國換取外匯，以償還國際收支逆差或償還國際貨幣基金組織的貸款。它還可以與黃金、自由兌換貨幣一樣充當國際儲備。但是，由於特別提款權只是一種記帳單位，不是真正的貨幣，使用時必須先換成其他貨幣，因此不能直接用於貿易或非貿易的支付。

4. 在國際貨幣基金組織中的儲備頭寸

在國際貨幣基金組織中的儲備頭寸（Reserve Position in the IMF）指國際貨幣基金組織成員國在國際貨幣基金組織普通資金帳戶的頭寸。它包括一國向國際貨幣基金組織認繳份額中用可兌換貨幣繳納的部分和國際貨幣基金組織可隨時償還的該國對國際貨幣基金組織的貸款。

需要注意的是，在國際收支平衡表上的官方儲備資產是增減額，而非持有額，即官方儲備的數字只是該國國際儲備的變動情況。當一國國際收支出現差額時，該國就可動用黃金、外匯或增減國際債權債務來進行平衡。同時，還要注意官方儲備資產增減符號的意義，出於平衡整個帳戶的需要，人爲地把官方儲備資產的增加用"－"表示，把官方儲備資產的減少用"＋"表示。一國官方儲備增加時，記在該項目的借方；一國官方儲備減少時，記在該項目的貸方。

（四）錯誤與遺漏

錯誤與遺漏項目（Errors and Omissions Account）不可避免。按照會計學的復式記帳原理記帳，借方總額與貸方總額相等，因此國際收支平衡表應是一份總淨值爲零的統計報表。但是，一國國際收支平衡表餘額不是出現在借方就是出現在貸方，主要原因是統計資料有誤差和遺漏。造成統計資料誤差和遺漏的原因如下：

第一，資料無法完整統計，比如商品走私、資本潛逃是難以統計出來的。

第二，資料來源不統一，比如統計資料有的來自海關，有的來自銀行報表，有的來自政府主管部門，口徑不一，難免造成重複計算或漏算。

第三，資料本身有錯誤，有的統計數字可能是估算出來的。

三、國際收支平衡表的記帳原則

國際收支平衡表就是將國際收支按特點帳戶分類和按復式記帳原則編制出來的報表，通過對它的分析可以瞭解一國國際經濟交往的概況。國際收支平衡表的記帳原則為有借必有貸，借貸必相等，即任何一筆交易都同時記貸方和借方，數額相等，方向相反。

貸方記引起貨幣流入本國的交易或貨幣流入本國的項目。用"＋"表示貨物和服務的出口、收益收入、接受無償援助、金融負債增加和資產減少。

借方記引起貨幣流出本國的交易或貨幣流出本國的項目。用"－"表示貨物和服務的進口、收益支出、對外無償援助、金融負債減少和資產增加。

國際收支平衡表的具體記帳規則如下：

第一，出口商品記入貸方，進口商品記入借方。

第二，為非居民提供勞務或從外國取得投資及其他收入記入貸方；反之，記入借方。

第三，居民從非居民收到的國外經常轉移記入貸方；反之，記入借方。

第四，本國居民獲得外國資產或對外國投資記入借方；反之，記入貸方。

第五，非居民償還本國居民債務記入貸方，本國居民償還非居民債務記入借方。

第六，官方儲備資產減少記入貸方；反之，記入借方。

總之，凡是引起本國從外國獲得貨幣收入的交易記入貸方，凡是引起本國對外國貨幣支出的交易記入借方，而該筆貨幣收入或支出本身則相應記入借方或貸方。凡是引起外匯供給的經濟交易記入貸方，凡是引起外匯需求的經濟交易記入借方。

四、國際收支平衡表的分析

國際收支是經濟分析的主要工具，一國的國際收支記錄了其與世界各國的經濟金融往來的全部情況，也反應了該國的對外經濟特點。因此，認真、全面地分析國際收支平衡表，對於瞭解國內外經濟狀況、針對本國國情制定相應的措施具有相當重要的意義。

(一) 分析目的

1. 判斷國際收支狀況

國際收支差額為零時，稱為國際收支平衡；當這一差額為正時，稱為國際收支順差；當這一差額為負時，稱為國際收支逆差。其中，後兩者統稱為國際收支不平衡。由此我們可以判斷出本國國際收支狀況並採取補救的措施。

2. 分析國際收支失衡原因

國際收支平衡表反應了一國一定時期對外資金流向和流量的變化。變化的原因可能是受到本國政治、經濟因素的影響，也可能是由於國際上或者其他國家的某種變動造成的。我們通過對本國國際收支的經常分析，並結合對有關國家國際收支狀況的分析，可以找到造成本國國際收支不平衡的具體原因，從而為國家制定正確的對內、對外經濟金融政策提供依據。

  3. 參考制定經濟政策，預測匯率、利率走向

  國際收支平衡表客觀地反應了一國或地區的國際儲備資產的淨額。我們通過分析本國或本地區的國際收支平衡表，可以掌握其國際儲備資產增減變動的情況，以此依據制定本國或本地區的國際儲備的合理水平；通過分析他國或地區編制的國際收支平衡表，根據其國際儲備資產變動的情況，能夠確定其經濟政策和金融政策的走向以及匯率波動的趨勢。

  4. 預測本國或本地區經濟政策、經濟發展趨勢、資金流向

  國際收支平衡表全面地反應了世界經濟活動的基本情況。我們通過分析與比較各國或地區的國際收支平衡表，可以在瞭解他國或地區不同經濟實力的同時，瞭解本國或本地區在世界經濟一體化中的地位和作用。這對預測世界經濟發展趨勢並制定相應對策發揮重要作用。

(二) 分析方法

  1. 逐項分析

  逐項分析，即按照國際收支平衡表的項目分類，如貨物貿易、勞務、收入、單方面轉移、資本（長/短期）、儲備資產和誤差與遺漏項等，按類逐一分析。

  2. 綜合分析

  綜合分析，即對國際收支平衡表進行整體性分析。國際收支平衡表由大大小小幾十個項目組成，其中某一個或某幾個項目的平衡，並不能代表全部項目都是平衡的。同樣，某個大項目的平衡也不意味着其下面的各個子項目和小項目都是平衡的，因此需要整合以後進行全面的分析，目的是分析局部差額和總差額的關係。

  3. 對比分析

  對比分析又稱縱向分析和橫向分析。縱向分析又稱動態分析，是指對一國若干聯繫時期的國際收支平衡表進行比較分析，以發展的眼光來分析國際收支的各個項目及總體收支與差額的變化，分析其發展是否正常、均衡以及差距所在。橫向分析又稱靜態分析，是指對不同國家在相同時期的國際收支平衡表進行比較分析。

第三節 國際收支平衡與失衡

一、國際收支平衡

(一) 自主平衡與被動平衡

  一般而言，按照交易動機或目的，國際收支平衡表中記錄的經濟交易可以分為自主性交易和補償性交易兩種類型。自主性交易是指基於某些商業動機，如追求利潤或其他利益而獨立發生的交易。這些交易產生的貨幣收支並不一定能完全相抵，由此產生的外匯超額供給或需求會引起外匯價格的變動。補償性交易是指一國貨幣當局為彌

補自主性交易失衡而採取的調節性交易，是因為自主性交易而發生的融通性交易。只有當自主性交易達到平衡，國際收支才真正平衡。經補償性交易調節後達到的平衡是一種被動平衡，實質上是一種不平衡。

（二）帳面平衡與真實平衡

國際收支平衡表中借貸雙方與資產負債不是對應的。在國際收支的記錄中引起外匯流入的交易記入貸方，引起外匯流出的交易記入借方。在實際中，外匯流入不一定是資產的增加，外匯流出不一定是負債的增加。例如，記入貸方的收入是由於出售有價證券、向國外借款得到的，那麼這種收入實際上是資產的減少、負債的增加；記入借方的支出是由於購買了外國有價證券或償還國外債務，那麼這種支出實際上是資產的增加、負債的減少。對一個國家而言，由於資產的減少或負債的增加而取得的外匯收入，並不是真實的收入，帳面上雖然是平衡的，實質上卻是不平衡的。

（三）數額平衡與內容平衡

一國國際收支在數額上達到平衡只能說是實現了表面上的平衡，這種平衡是否為真正的平衡，還要分析一國經濟交易的內容。只有輸出的貨物有利於本國進一步發展，改善本國出口在世界經濟交往中的地位，而輸入的貨物也有利於國內經濟的發展，這種平衡才是內容上的平衡。若進出口雖然達到平衡，但卻不利於本國經濟的發展，那麼這種平衡只是數額上的平衡，內容上卻是不平衡的。

二、國際收支失衡的原因

（一）週期性不平衡

週期性不平衡是指一國經濟週期波動引起該國國民收入、價格水平、生產和就業發生變化導致的國際收支不平衡。一國市場經濟不會總在一種均衡的狀態下進行，而是周而復始地經歷繁榮、衰退、蕭條和復蘇四個階段。當一國處於經濟蕭條時期時，往往出現競相出口而進口需求急劇萎縮，往往會出現國際收支順差。例如，日本在1974年國民生產總值增長19.4%，國際收支卻出現了46.9億美元的逆差；1976年日本經濟陷入蕭條，但國際收支卻出現了36.8億美元的順差。這種週期性的變化，使得國際收支不平衡的兩種狀態交替出現。

（二）結構性不平衡

結構性不平衡是指當國際分工格局或國際需求結構等國際經濟結構發生變化時，一國的產業結構及相應的生產要素配置不能完全適應這種變化，從而導致的國際收支不平衡。結構性不平衡包括兩個方面的含義：一方面是指經濟和產業結構變動的滯後和困難會引起國際收支不平衡；另一方面是指一國的產業結構比較單一，隨著經濟發展或外來衝擊的出現，就會發生國際收支不平衡。

（三）收入性不平衡

收入性不平衡是指由於各種經濟條件的惡化，引起國民收入的較大變動，進而導致的國際收支不平衡。經濟週期波動及經濟增長率的變化都可能引起國民收入的變動。一般來說，當一國的國民收入增加時，會引起需求擴大、貿易和非貿易支出增加，從而造成國際收支逆差；反之，如果一國的國民收入減少，國內需求下降，引起物價下跌，則出口增加、貿易和非貿易支出減少，使逆差逐步減少，甚至出現順差。

國民收入發生變動的原因有兩個：一是週期性變動，經濟週期的不同階段會引起國民收入的增減，這屬於週期性不平衡。二是經濟增長情況，經濟增長率高，則國民收入增加；反之，則國民收入減少。當一國的經濟增長率與其他國家不一致時，其國際收支就可能發生收入性不平衡。

一般來說，經濟結構性因素和經濟增長率變化引起的國際收支不平衡具有長期、持久的性質，而被稱為持久性不平衡。其他因素引起的國際收支不平衡具有臨時性，而被稱為暫時性不平衡。

（四）貨幣性不平衡

貨幣性國際收支平衡是指由於一國貨幣價值的變動而使一國國際收支出現的不平衡。貨幣性失衡主要是由通貨膨脹或通貨緊縮引起的，在匯率水平一定的情況下，這兩者的變動都會在本國商品的出口或進口價格上反應出來，從而引起該國的貿易額發生變化，最終引起國際收支不平衡。

（五）其他原因的不平衡

其他原因的不平衡主要包括季節性不平衡和偶然性不平衡。季節性不平衡是指由生產和消費的季節性造成的國際收支不平衡。對以農產品為主要出口商品的國家來說，季節性不平衡較為明顯。偶然性不平衡又稱臨時性不平衡，是由短期的、非確定的或偶然因素引起的國際收支不平衡。例如，2004年的印度洋海嘯致使印度洋沿岸地區或國家的旅遊業遭受嚴重打擊，旅遊外匯收入銳減，導致其國際收支失衡。這種性質的國際收支失衡程度較淺、持續時間不長，並且具有可逆性，因此基本上可以認為是一種正常現象。

三、國際收支失衡的影響

一國的國際收支失衡表現為收支順差與收支逆差兩種情況。持續的國際收支順差或逆差不僅影響到一國對外經濟的發展，而且會通過各種傳遞機制對國內經濟的穩定和發展產生影響，還可能影響到國內的經濟增長、通貨膨脹，甚至還影響到就業問題。

（一）國際收支順差對經濟的影響

1. 導致通貨膨脹

持續順差會增加外匯的供給和對本幣的需求，貨幣當局不得不在外匯市場上購入大量外匯進行干預，這樣會導致本國擴大貨幣投放規模，引起通貨膨脹。

2. 本幣持續堅挺

大量的國際收支順差會使外匯供過於求，迫使本國貨幣匯率上升，使出口商品處於不利的競爭地位，影響出口貿易的發展，從而加重國內的失業問題。

3. 外匯市場受到衝擊

持續順差會使本國的外匯匯率下跌，本幣匯率過於堅挺。這必然會引起國際短期資金大量流入，引發大規模的套匯、套利和外匯投機活動，衝擊外匯市場，破壞國內和國際金融市場的穩定。

4. 不利於發展國際經濟關係

一國的順差即為他國的逆差，大量順差說明該國的出口很多、進口很少，而他國卻出口很少、進口很多。這樣必然不利於其他國家的經濟發展，很可能引起國際摩擦，影響國際經濟關係。

(二) 國際收支逆差對經濟的影響

1. 阻礙了本國的經濟增長

由於長期逆差的存在，本國的外匯儲備大量減少，為進口本國所必需的生產資料和原材料帶來困難，從而阻礙了國民經濟的發展。同時，出現逆差會使本國貨幣匯率下跌，政府干預外匯市場，形成國內貨幣緊縮，促使利率上升，影響本國經濟增長。

2. 不利於對外經濟交往

存在持續逆差的國家會增加對外匯的需求，從而促進外匯匯率上升，本國貨幣不斷貶值，本幣的國際地位降低，對本國的對外經濟交往產生消極影響。同時，本幣貶值或匯率下降會引起進口商品價格和國內物價上漲，加重通貨膨脹。嚴重的通貨膨脹還會引起資本大量外逃，造成國內資金短缺，影響國內投資建設和金融市場的穩定。

3. 損害國際信譽

長期逆差使本國的償債能力降低，如果長期陷入債務困境不能自拔，就會影響本國的經濟和金融實力，並失去在國際上的信譽。

第四節　國際收支調節

國際收支失衡的調節是指一國消除其國際收支不平衡，使國際收支達到基本平衡的過程。調節機制可分為自動調節機制和政策調控機制兩類。一般情況下，當一國發生國際收支不平衡時，自動調節機制會立即啟動並持續發生作用，直至消除不平衡；政策調控機制有一定的滯後性。自動調節機制也會產生一定的消極作用，而運用政策調控機制強化或中止自動調節機制的運行，可以迅速消除國際收支不平衡。兩種方法要進行選擇和配合，以使調節成本降到最低。

一、自動調節機制

(一) 價格機制

當出現國際收支順差時，該國國內市場貨幣供給增多，容易引起國內信用膨脹、利率下降、投資和消費相應上升、國內需求量增加，使本國物價與出口商品價格隨之上升，從而削弱了本國出口商品的國際競爭力，出口減少，進口增加，國際收支順差逐步減少直至平衡。

當出現國際收支逆差時，該國國內市場貨幣供應量下降，從而引起社會總需求萎縮，必然會帶來物價水平的回落，使本國出口產品具有相對價格優勢，促使出口增加和進口減少，有利於國際收支逆差的消除。

這種通過國內商品價格的漲跌，進而改變國際收支的機制被稱爲價格機制。

(二) 收入機制

當國際收支出現逆差時，國民收入水平下降，本國貨幣供應量也會減少，從而引起社會總需求下降，其中包括對進口產品的需求減少，從而外匯支出下降，貿易收支得到改善。同時，國際貿易收入下降也會使對外勞務和金融資產的需求都有不同程度的下降，改善經常項目收入和資本與金融帳戶收支，從而使國際收支狀況得到改善。

這種通過國民收入水平的漲跌，進而改變國際收支的機制被稱爲收入機制。

(三) 利率機制

當一國國際收支發生順差時，該國貨幣存量增加，銀根鬆動，利率下降。利率水平下降導致資本外流增加，從而使得順差逐漸減少，國際收支趨於平衡。

當一國國際收支發生逆差時，該國貨幣存量減少，銀根趨緊，利率上升。利率水平上升表明該國金融資產收益率的上升，從而提升了對該國金融資產的需求，導致國內資本停止外流，同時外國資本流入該國以謀求較高利潤。因此，國際收支逆差由於資本和金融項目的日趨好轉從而實現平衡。

這種通過利率變化導致資本流動改變，進而影響國際收支的機制稱爲利率機制。

(四) 匯率機制

當國際收支出現順差時，外匯供給大於外匯需求，導致外幣貶值，本幣升值，本國出口商品以外幣表示的國際市場價格上漲，進口商品價格下降，因此出口減少，進口增加，貿易順差改善，國際收支趨於平衡。

當國際收支出現逆差時，外幣升值，本幣貶值，出口商品的外幣價格下降，進口商品價格上升，出口增加，進口減少，貿易逆差得到改善，國際收支狀況趨於平衡。

這種通過匯率漲跌影響進出口商品相對價格，進而改變貿易收支的機制稱爲匯率機制。

二、政策調控機制

(一) 外匯緩衝政策

外匯緩衝政策就是通過外匯平準基金，在外匯市場買賣外匯，調節外匯供求。外匯緩衝政策的具體操作如下：當國際收支逆差時，外匯供給不足，中央銀行用本國外匯儲備在外匯市場上用外幣購買本幣，使外匯供給加大，目的是消除國際收支失衡所形成的外匯需求缺口；反之，當國際收支順差時，外匯供給過大，中央銀行在外匯市場上用本幣購買外幣，消除國際收支不平衡所形成的超額的外匯供給。外匯緩衝政策有利於避免匯率的暫時波動，但會導致儲備枯竭，不能從根本上解決赤字問題。

(二) 財政政策

財政政策（Fiscal Policy）是指通過調整稅率和縮減或擴大政府的財政預算來實現國際收支調節，主要調節手段有財政支出和稅收兩種（如圖1.1所示）。

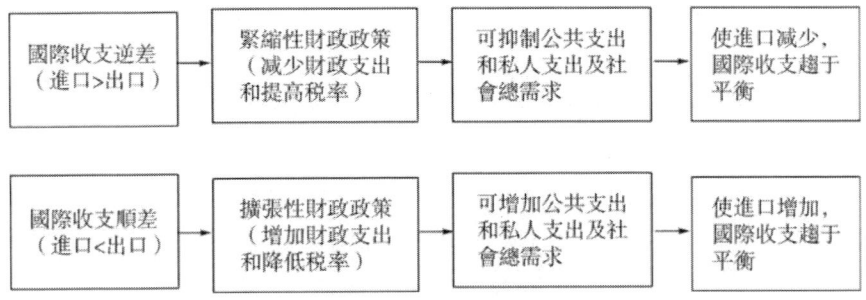

圖1.1　國際收支失衡的財政政策調節方法

(三) 貨幣政策

貨幣政策（Monetary Policy）是指通過調節法定存款準備金率、再貼現率及公開市場業務操作的手段間接調節國際收支的政策（如圖1.2所示）。

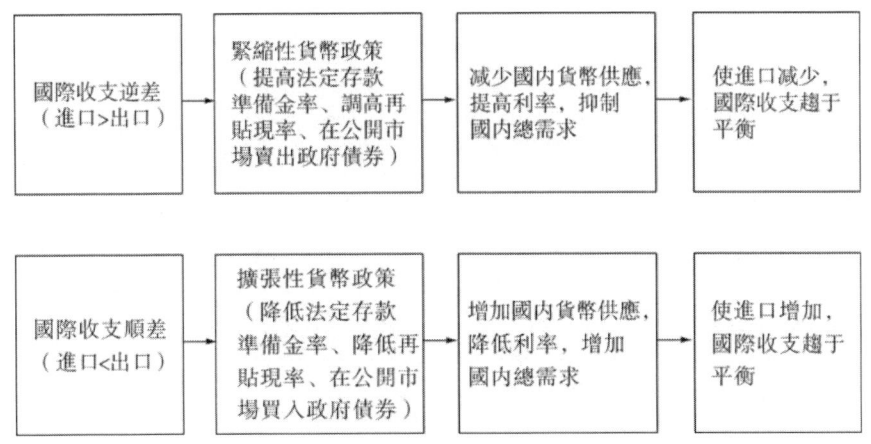

圖1.2　國際收支失衡的貨幣政策調節方法

(四) 匯率政策

匯率政策是指國際收支失衡時，官方宣布本幣升值或貶值，以實現國際收支平衡。

在固定匯率制度下，當國際收支出現嚴重逆差時，實行貨幣法定貶值政策。本幣法定貶值，出口增加，進口減少，從而改善國際收支。反之，實行貨幣法定升值政策，以減少和消除國際收支順差。值得注意的是，這里的匯率調整政策是指一國官方公開宣布的法定升值與法定貶值，不包括國際金融市場上自發產生的匯率變動。

當然，運用法定貶值政策，可能引起"貨幣戰"，因此調整匯率務必全面考慮，避免國際摩擦。同時，匯率調整還受到國際上的一些限制。國際貨幣基金組織認為，只有在會員國國際收支發生根本性失衡時才允許調整匯率。其判斷的標準是在保持匯率不變的情況下，要恢復國際收支平衡就必須實施緊縮的財政政策或貨幣政策，但會造成國內失業加劇，國內經濟失衡；如果要維持充分就業，就要實施擴張性財政政策或貨幣政策，從而進一步使國際收支惡化。這時，國內均衡和國際均衡的矛盾無法協調時，國際貨幣基金組織才允許會員國調整其匯率。

（五）直接管制政策

直接管制是指政府通過發布行政命令，對國際經濟交易進行行政干預，以使國際收支達到平衡。直接管制政策包括金融管制、財政管制和貿易管制等。

金融管制是從外匯使用方面限制國際經濟交易，如對出口結匯、進口換匯進行的外匯管制。

財政管制包括關稅政策、出口信貸與出口補貼等"獎出限入"政策，如對出口免關稅、對進口收取高額關稅等。

貿易管制是直接對進出口進行限制，是直接管制的重要內容，其主要措施包括對商品輸入實行進口許可證和進口配額制，對某些商品輸出實行出口許可證制度等。

實施直接管制政策措施有力、見效快，能按照本國的不同需要，對進出口貿易和資本流動給予區別對待。但是，直接管制政策並不能真正解決國際收支平衡的問題，只是將顯性變為隱性，一旦取消管制，失衡仍會重新出現。

（六）國際經濟合作政策

國際經濟是相互關聯的，一國的順差往往是另一國的逆差，每個國家都會為平衡國際收支採取各種對策，但各自在單方面採取行動會損害他國利益。因此，有必要加強國際經濟合作，從而在解決國際收支失衡問題的同時，又不至於造成國際經濟秩序混亂。其具體措施包括推行區域經濟一體化、加強國際金融組織的職能和作用、加強各國金融信貸方面的合作等，以減少相互摩擦，強化貿易自由，促進生產要素自由流動和最優配置。

第五節　中國的國際收支

一、我國國際收支概況

2015 年第四季度，我國經常帳戶順差 5 391 億元人民幣，資本和金融帳戶（含當季淨誤差與遺漏，下同）逆差 5 391 億元人民幣。其中，非儲備性質的金融帳戶逆差 12 762 億元人民幣，儲備資產減少 7 368 億元人民幣。

2015 年，我國經常帳戶順差 18 272 億元人民幣，資本和金融帳戶逆差 8 258 億元人民幣。其中，非儲備性質的金融帳戶逆差 29 814 億元人民幣，儲備資產減少 21 537 億元人民幣（見表 1.2）。

按美元計價，2015 年第四季度，我國經常帳戶順差 843 億美元。其中，貨物貿易顺差 1 616 億美元，服務貿易逆差 486 億美元，初次收入逆差 213 億美元，二次收入逆差 73 億美元。資本和金融帳户逆差 843 億美元。其中，資本帳户基本平衡，非儲備性質的金融帳户逆差 1 997 億美元，儲備資產減少 1 153 億美元。

按美元計價，2015 年，我國經常帳户順差 2 932 億美元。其中，貨物貿易順差 5 781 億美元，服務貿易逆差 2 094 億美元，初次收入逆差 592 億美元，二次收入逆差 163 億美元。資本和金融帳户逆差 1 611 億美元。其中，資本帳户順差 3 億美元，非儲備性質的金融帳户逆差 5 044 億美元，儲備資產減少 3 429 億美元。

表 1.2　　　　　　　　　　2015 年中國國際收支平衡表（初步數）　　　　　單位：億元人民幣

項　目	行次	2015 年第四季度	2015 年全年
1. 經常帳户	1	5 391	18 272
貸方	2	44 952	164 717
借方	3	-39 561	-146 445
1.1 貨物和服務	4	7 219	23 014
貸方	5	40 665	148 050
借方	6	-33 446	-125 036
1.1.1 貨物	7	10 327	36 059
貸方	8	36 689	133 694
借方	9	-26 361	-97 636
1.1.2 服務	10	-3 109	-13 045
貸方	11	3 976	14 356
借方	12	-7 085	-27 401
1.1.2.1 加工服務	13	342	1 263
貸方	14	345	1 273
借方	15	-3	-10
1.1.2.2 維護和維修服務	16	33	142
貸方	17	58	224
借方	18	-25	-82
1.1.2.3 運輸	19	-822	-3 021
貸方	20	597	2 401
借方	21	-1 419	-5 422
1.1.2.4 旅行	22	-2 906	-12 150
貸方	23	1 006	3 617
借方	24	-3 912	-15 767
1.1.2.5 建設	25	137	402
貸方	26	317	1 036
借方	27	-180	-634
1.1.2.6 保險和養老金服務	28	-48	-174

表1.2(續)

項　目	行次	2015年第四季度	2015年全年
貸方	29	105	322
借方	30	-153	-497
1.1.2.7 金融服務	31	0	-26
貸方	32	40	138
借方	33	-40	-164
1.1.2.8 知識產權使用費	34	-356	-1 305
貸方	35	11	67
借方	36	-366	-1 371
1.1.2.9 電信、計算機和信息服務	37	267	821
貸方	38	471	-1 531
借方	39	-204	-710
1.1.2.10 其他商業服務	40	285	1 170
貸方	41	993	3 636
借方	42	-708	-2 466
1.1.2.11 個人、文化和娛樂服務	43	-26	-73
貸方	44	11	45
借方	45	-37	-119
1.1.2.12 別處未提及的政府服務	46	-14	-93
貸方	47	23	66
借方	48	-36	-160
1.2 初次收入	49	-1 363	-3 717
貸方	50	3 635	14 305
借方	51	-4 999	-18 022
1.3 二次收入	52	-464	-1 024
貸方	53	652	2 362
借方	54	-1 116	-3 387
2. 資本和金融帳戶（含當季淨誤差與遺漏）	55	-5 391	-8 258
2.1 資本帳户	56	3	19
貸方	57	6	32
借方	58	-3	-12
2.2 金融帳户	59	-5 394	-8 277
2.2.1 非儲備性質的金融帳户	60	-12 762	-29 814
2.2.2.1 直接投資	61	514	6 579
2.2.2.1.1 直接投資資產	62	-3 329	-8 597
2.2.2.1.2 直接投資負債	63	3 842	15 176
2.2.2 儲備資產	64	7 368	21 537

表1.2(續)

項　　　目	行次	2015年第四季度	2015年全年
2.2.2.1 貨幣黃金	65	0	0
2.2.2.2 特別提款權	66	3	-17
2.2.2.3 在國際貨幣基金組織的儲備頭寸	67	5	56
2.2.2.4 外匯儲備	68	7 359	21 498
2.2.2.5 其他儲備資產	69	0	0
3. 淨誤差與遺漏	70	—	-10 014

註：

1. 根據《國際收支和國際投資頭寸手冊》(第六版) 編制

2. "貸方"按正值列示，"借方"按負值列示，差額等於"貸方"加上"借方"。本表除標註"貸方"和"借方"的項目外，其他項目均指差額

3. 以人民幣計值的國際收支平衡表的折算方法爲當季以美元爲計價單位的國際收支平衡表，通過當季人民幣對美元季平均匯率中間價折算。2015年全年人民幣計值的國際收支平衡表爲前三季度人民幣計值的正式數與第四季度人民幣計值的初步數累加得到

4. 2015年第四季度初步數的資本和金融帳戶因含淨誤差與遺漏，與經常帳戶差額金額相等，符號相反。第四季度初步數的金融帳戶、非儲備性質的金融帳戶同樣含淨誤差與遺漏。2015年前三季度正式數的資本和金融帳戶、金融帳戶和非儲備性質的金融帳戶均不含淨誤差與遺漏，淨誤差與遺漏項目單獨列示

5. 本表中前三季度的直接投資資產數據根據最新統計進行了更新，前三季度的時間序列數據在"統計數據"欄目中同步更新

6. 本表計數採用四捨五入原則

二、我國國際收支概況分析

縱觀最近幾年我國國際收支運行狀況，其對我國經濟發展產生了巨大影響。其主要表現如下：

第一，貿易順差的擴大，充分證明了我國改革開放以來實行的外向型經濟和對外貿易政策的正確性，外匯儲備的大幅增長也使我國徹底結束了外匯短缺的歷史，標誌着我國綜合國力和國際信譽的進一步增強。

第二，較充足的外匯儲備，有助於我國提高抗禦國際金融風險的能力，增強國際社會對我國經濟發展和金融安全的信心，同時也爲完善人民幣匯率形成機制和逐步推進資本項目可兌換制度提供了較寬的政策空間。

第三，促進國內經濟結構調整以及從國外引進所需要的先進技術、爲設備提供了資金支持，有利於鼓勵和支持有條件的國內企業走出去，充分利用兩種資源、兩個市場。

與此同時，國際收支雙順差的結構失衡和儲備持續大幅增長的總量失衡，也爲中國經濟發展帶來了一些不容忽視的問題和挑戰。其主要表現如下：

第一，國際收支失衡的現狀增加了當前宏觀調控的複雜性。近年來，外匯持續大量淨流入，使得外匯債款成爲中央銀行基礎貨幣投放的主要渠道，但在外匯儲備持續較快增長的情況下，這些調控政策的作用空間受到限制，加大了貨幣調控操作的難度，直接影響到貨幣政策及宏觀調控的自主性與靈活性。

第二，國際收支失衡的現狀放大了脆弱性。當前我國一定程度上存在市場流動性偏多問題，是全球流動性過多的組成部分，通過國際收支順差滲透進入我國金融體系。

第三，國際收支失衡的現狀加大了經濟增長方式轉變和結構調整的難度。國際收支持續順差，反應了經濟增長方式粗放、投資和消費之間的不協調、產業結構的不合理、城鄉和區域發展的不協調等突出矛盾。

第四，貿易順差的大幅度提高，增加了貿易糾紛和貿易摩擦以及人民幣升值的壓力。

三、我國國際收支的調控

在計劃經濟體制下，計劃是我國調控宏觀經濟的主要手段，也是我國調節外匯收支的唯一機制。由於外匯收支遵循"以收定支、量入為出、收支平衡、略有結餘"的方針，因而在1980年以前的30年中，我國外匯支出基本上保持平衡。隨著社會主義市場經濟的逐步建立和完善，指令性計劃調節範圍越來越小，各種市場調節手段和經濟槓桿在國際收支的調節作用越來越明顯。

（一）匯率政策

我國從1981年開始，實行過幾次人民幣貶值政策，但匯率貶值對改善我國貿易收支的作用有限，主要原因是我國進出口商品需求的價格彈性與供給彈性不大。在進口需求方面，即使因人民幣匯率貶值而使進口商品價格上升，進口需求也難以壓縮。在出口供給方面，為保證一定的出口收匯指標，必須出口更多數量的商品，這就更加劇了國內商品的短缺程度，引起國內商品價格上升。因此，匯率貶值對我國外貿"獎出限入"的作用不大，恰恰相反，實行匯率貶值政策容易引發通貨膨脹，導致出口結構惡化。隨著我國對外開放力度的加大及外匯市場的發育日臻完善，匯率政策將成為我國國際收支調節的重要手段。

（二）稅收政策

我國目前通過進口關稅、出口退稅和對外商投資的稅收優惠等手段調節國際收支，這些手段在促進出口和引進外資方面都發揮了積極作用，成為促進我國經濟穩定增長的推動力量。

（三）貨幣政策

我國除了通過調控貨幣供應和調節宏觀經濟，從而作用於對外經濟活動外，還對進出口貿易和外商投資有針對性地發放優惠貸款，以達到調節進出口貿易和鼓勵外商投資的目的。

（四）外匯管制

改革開放後，儘管我國逐步放鬆了外匯管制，但對國有企事業單位的貿易和非貿易外匯收支仍然實行一定的控制。在短期內，我國國際收支的調節在一定程度上還必須依靠外匯管制這一直接管制手段。但隨著我國經濟實力的增強及社會主義市場經濟運行機制的完善，外匯管制將逐步放鬆直至取消，我國將主要依靠匯率、利率等經濟槓桿調節國際收支。

本章小結

國際收支的概念有狹義與廣義之分。狹義的國際收支是以支付爲基礎統計的，一國在一定時期內（通常爲一年）必須以貨幣（外匯）同其他國家立即結算支付的對外債權債務。廣義的國際收支是以交易爲基礎統計的，是一國或地區的居民與非居民在一定時期內，由於對外政治、經濟和文化往來所產生的全部國際經濟貿易價值的總和。

國際收支平衡表是把一國的國際收支按照一定的項目分類統計的報表，集中反應了一國一定時期國際收支的具體構成和總貌。國際收支平衡表一般分爲經常帳戶、資本和金融帳戶、儲備資產、錯誤與遺漏四個帳戶。

國際收支是否平衡應該從國際收支是形式上平衡還是實質上平衡，是會計意義上的平衡還是社會經濟意義上的平衡，是數量上的平衡還是內容上的平衡，是靜態的平衡還是動態的平衡等方面進行判斷。國際收支不平衡主要有週期性不平衡、結構性不平衡、收入性不平衡、貨幣性不平衡、季節性和偶然不平衡五種類型。不同類型的國際收支不平衡，應該採取不同的調節方法進行調節。國際收支不平衡的調節機制可分爲自動調節機制和政策調控機制兩類。爲使宏觀經濟達到內外均衡，必須注意政策搭配。

在我國，隨著社會主義市場經濟的逐步建立和完善，指令性計劃在國際收支中的調節範圍和力度越來越小，各種市場調節手段和經濟槓桿在國際收支中的調節作用越來越明顯。

復習思考題

1. 國際收支的概念是什麼？它可以從哪些角度進行考察？
2. 國際收支平衡表的貶值原理與記帳規則是什麼？
3. 一國國際收支不平衡的類型有哪些？
4. 簡述一國國際收支不平衡對經濟的影響。
5. 簡述調節國際收支不平衡的主要手段。

實訓操作

假設A國在某年度與世界其他國家的交易項目資料如下：
（1）A國政府獲得價值40億美元的國外援助。
（2）A國進口價值200億美元的小麥。
（3）在A國經營的跨國公司的利潤爲50億美元。
（4）A國出口創匯150億美元。
（5）英國銀行向A國政府貸款200億美元。

(6) A 國購買外匯不動產 100 億美元。

(7) A 國中央銀行賣出 20 億美元儲備資產以干預外匯市場。

分析回答以下問題：

(1) 計算該年度 A 國的貿易差額、經常項目差額。

(2) A 國資本項目帳戶是盈餘還是赤字？

(3) 針對以上情況該如何調節不合理的地方？

第二章　國際儲備

學習目標

- 掌握國際儲備的含義與構成
- 瞭解國際儲備的作用
- 掌握國際儲備的規模管理和結構管理
- 理解我國國際儲備構成的特點

專業術語

國際儲備　黃金儲備　外匯儲備　特別提款權

案例導入

2008年的金融危機使美元對國際主要貨幣的匯率頻繁下挫，我國國際儲備大幅度縮水。雖然如此，我國再次超越了日本成爲美元的第一大外匯儲備國，面臨的問題是外匯儲備過高、黃金儲備不足。在美元縮水的情況下，我國成爲國際儲備損失最爲嚴重的發展中國家，因此必須採取相應的調整措施。

爲分散貨幣匯率變動的風險，我國必須保持多元化的貨幣儲備，密切註意匯率變動的趨勢，隨時調整各種儲備貨幣的比例，以分散匯率變動的風險。

【啓示】我國應加強對各主要儲備貨幣匯率變動趨勢的研究及各儲備貨幣國家和地區內宏觀經濟政策等方面的研究，隨時調整各種儲備貨幣的比例。

第一節　國際儲備概述

一、國際儲備的含義

國際儲備（International Reserves）是指一國貨幣當局爲平衡國際收支和維持本國貨幣匯率的穩定以及用於緊急國際支付而持有的爲各國普遍接受的一切資產。

國際儲備必須同時滿足以下三個條件：

第一、一國金融當局必具有無條件地獲得這類資產的能力。

第二、該資產必須具有高度的流動性，即能及時進行轉移或兌付。

第三、該資產必須能爲各國所普遍接受。

二、國際儲備與國際清償力

國際清償力（International Liquidity）是指一國直接掌握或不直接掌握的，但在必要時可以用以調節、支持本國貨幣對外匯率安排以及清償國際債務的一切國際流動資金與資產。國際清償力包括一國貨幣當局持有的國際儲備、該國從國外借入的外匯儲備、該國商業銀行的短期外匯資產和該國官方或私人擁有的中長期外匯資產。

可見，國際儲備是一國具有的現實的對外清償力；而國際清償力則是該國具有的現實的和可能有的對外清償力，是一國金融實力的表現。

三、國際儲備的構成

根據國際貨幣基金組織的統計口徑，一國國際儲備由以下四種形態的資產構成：

（一）黃金儲備

黃金儲備（Gold Reserve）是指一國貨幣當局作爲金融資產持有的貨幣性資金（Monetary Gold），而非貨幣用途黃金不在此範圍內。

由於黃金儲備不能生息獲利，並且不便用作日常的支付手段，因此二戰後隨著美元的崛起，黃金儲備在國際儲備中的比重便開始逐漸下降。儘管如此，由於黃金儲備有著其他儲備資產不能代替的優點，如在通貨膨脹情況下具有較好的保值功能，並且可以不受任何超國家權力的干預，因此在各國的儲備資產中仍會保持一定比例的黃金儲備。

我國自1981年以來黃金儲備量一直爲1 267萬盎司（約等於35.919萬千克）。黃金儲備有利於確定合理的黃金儲備規模；可以避免與商業銀行日常營運的黃金資產混爲一談，有利於銀行業務的正常運行；有利於實行黃金管制國家的中央銀行正確制定黃金管理政策，促進本國黃金產業及相關行業的健康發展。作爲國際儲備的主要形式之一，黃金儲備在流動性上有其自身的局限性，因此應考慮其適度規模的問題。黃金儲備的管理目的在於實現黃金儲備最大可能的流動性和收益性。

拓展知識

黃金的鑒別方法

1. 看顏色

黃金首飾純度越高，色澤越深。在沒有對比金牌的情況下可按下列色澤確定大體成色（以青金爲準則，所謂青金，是指黃金內只含白銀成分）：深赤黃色成色在95%以上，淺赤黃色成色爲90%～95%，淡黃色成色爲80%～85%，青黃色成色爲65%～70%，色青帶白光成色只有50%～60%，微黃而呈白色成色就不到50%了。通常所說的"七青、八黃、九赤"可作爲參考。

2. 掂重量

黃金的比重爲19.32克/立方厘米，重於銀、銅、鉛、鋅、鋁等金屬。相同體積的黃金比白銀重40%以上，比銅重1.2倍，比鋁重6.1倍。黃金飾品托在手中應有沉墜之感，假金飾品則覺輕飄。此法不適用於鑲嵌寶石的黃金飾品。

3. 看硬度

純金柔軟、硬度低，用指甲能劃出淺痕，牙咬能留下牙印，成色高的黃金飾品比成色低的黃金飾品柔軟，而含銅越多則越硬。折彎法也能試驗硬度，純金容易折彎，純度越低，越不易折彎。

4. 聽聲音

成色在99%以上的真金往硬地上拋擲，會發出"吧嗒"聲，有聲無韻也無彈力。假的或成色低的黃金聲音脆而無沉悶感，一般發出"當當"響聲，而且聲有餘音，落地後跳動劇烈。

5. 用火燒

用火將要鑑別的飾品燒紅（不要使飾品熔化變形），冷卻後觀察顏色變化，如表面仍呈原來黃金色澤則是純金；如顏色變暗或不同程度地變黑，則不是純金。一般成色越低，顏色越濃，全部變黑，說明是假金飾品。

6. 看標記

國產黃金飾品都是按國際標準提純配制成的，並打上戳記，如"24K"標明"足赤"或"足金"；18K金，標明"18K"字樣，成色低於"10K"者，按規定就不能打K金印號了。目前社會上不法分子常用製造假牌號、仿製戳記，用稀金、亞金、黃銅冒充真金，因而鑑別黃金飾品要根據樣品進行綜合判定來確定真假和成色高低。

(二) 外匯儲備

外匯儲備（Foreign Exchange Reserve）是指一國貨幣當局所持有的可兌換貨幣和以其表示的支付手段和流動性資產，主要包括銀行存款和國庫券。

充當外匯儲備的貨幣通常稱為儲備貨幣。能充當外匯儲備的貨幣必須具備以下三個基本條件：

（1）是可自由兌換貨幣。

（2）在國際貨幣體系中占有重要地位。

（3）具有相對穩定的價值。

由於外匯儲備便於支付，並且具有較高的盈利性，因此自二戰後外匯儲備在國際儲備資產總額中所占的比例越來越大。目前，這一比例大約達到80%左右，其中又以美元的比重最大。

外匯儲備的功能主要表現在以下四個方面：

（1）調節國際收支，保證對外支付。

（2）干預外匯市場，穩定本幣匯率。

（3）維護國際信譽，提高融資能力。

（4）增強綜合國力，抵抗金融風險。

一定的外匯儲備是一國進行經濟調節、實現國內外均衡的重要手段。一般來說，外匯儲備的增加不僅可以增強宏觀調控的能力，而且有利於維護國家和企業在國際上的信譽，有助於拓展國際貿易、吸引外國投資、降低國內企業融資成本、防範和化解國際金融風險。外匯儲備水平取決於多種因素，如進出口狀況、外債規模、實際利用外資數量等。各國應根據持有外匯儲備的收益、成本比較等狀況把外匯儲備保持在適度的水平上。

(三) 在國際貨幣基金組織的儲備頭寸

在國際貨幣基金組織的儲備頭寸（Reserve Position in the Fund）又稱普通提款權（General Drawing Right），是指成員國在國際貨幣基金組織普通資金帳戶中可自由提取和使用的資產。

在國際貨幣基金組織的儲備頭寸是指國際貨幣基金組織的會員國按國際貨幣基金組織的規定可無條件動用的一部分資金份額，它包括會員國向國際貨幣基金組織所繳資金份額中的外匯部分和國際貨幣基金組織用掉的該國貨幣持有量部分。會員國所繳的資金份額，25%用外匯繳納，75%用本幣繳納。會員國的普通提款權的最高限為資金份額的125%，其中又分為5檔，每檔25%，第一檔的25%，會員國可自由提用，無須國際貨幣基金組織審批，故構成會員國的國際儲備。

國際貨幣基金組織在業務活動中為滿足其他會員國的需要而會使用掉一部分某會員國所繳的本幣份額，對於該會員國來講，國際貨幣基金組織用掉多少本幣，該國則可相應自由提用等值的外匯。因此，這部分外匯也成為會員國的儲備頭寸。

(四) 特別提款權

特別提款權（Special Drawing Rights，SDRs）是指作為成員國帳面資產，賦予成員國在原有的普通提款權以外的特別的提款權利。

這種無形資產的帳面資產只能用於成員國政府間的結算，可同黃金、外匯一起作為國際儲備，並可用於成員國向其他成員國換取可兌換貨幣外匯，支付國際收支差額，償還國際貨幣基金組織的貸款，但不能直接用於貿易與非貿易支付。

特別提款權和普通提款權的不同表現在以下五個方面：

(1) 普通提款權必須在3~5年內償還，而特別提款權歸成員國無條件所有。

(2) 特別提款權僅限於在成員國官方轉帳時使用，私人和企業不得持有和使用。

(3) 特別提款權嚴格限於國際收支失衡問題，不能用於日常的貿易和非貿易支付，更不能用於兌換黃金。

(4) 特別提款權是一種信用發行的帳面資產，本身並無內在價值，但能作為國際清算的合法手段。

(5) 特別提款權價值原先按美元、德國馬克、日元、法國法郎和英鎊五種貨幣幣值加權平均定值，現在按美元、歐元、日元和英鎊四種貨幣幣值加權平均定值。

由於特別提款權不會因為受到一國貨幣價值變動的較大影響而發生大幅度貶值，因此被認為是一種比較穩定的資產。但由於特別提款權發行數量不多，因此在世界儲備總額中所占比重不大。截至2008年，特別提款權總量只占世界國際儲備總額的2.87%。

四、國際儲備的作用

由於國際儲備具有干預與支付功能，因此標誌着一國的國際金融實力、在國際經濟中的地位以及參與國際經濟活動的能力。國際儲備的作用主要表現在以下三個方面：

（一）維系本幣信譽的物質基礎

在外匯市場本幣對外幣匯率不穩時，國際儲備用以干預外匯市場，以保持本幣對外幣匯率的穩定。

（二）彌補國際收支逆差

動用國際儲備，彌補國際收支逆差，可避免一國採取緊急的經濟緊縮政策，避免使國內經濟發生較強的震動與影響。

（三）吸收外資或從國外借款的信用保證

一國持有的國際儲備狀況是國際金融界發放貸款時，評估國家風險的重要指標之一。當一國國際儲備充足時，對外融資或吸引投資則較易實現，從而發展貿易，開發資源；反之，則較困難。因此，國際儲備是強化本國資信、吸收外資流入的有力物質基礎。

第二節　國際儲備管理

近年來，隨著國際儲備規模的不斷擴大以及國際儲備在國際經濟活動中作用的加強，各國越來越重視對國際儲備的管理，並根據自身情況，採取不同的管理措施。但總體來說，對國際儲備的管理主要表現在兩個方面：一是量的管理，即國際儲備的規模管理；二是質的管理，即國際儲備的結構管理。

一、規模管理

（一）國際儲備適度規模管理的必要性

國際儲備作為一國調節國際收支逆差、穩定外匯市場的現實能力的標誌，其規模不能太小，太小容易發生支付危機，不利於一國經濟的穩定增長。同時，國際儲備的規模也不宜過大，國際儲備過多將人為地減少本國國民經濟對物資的有效利用；國際儲備過多還會給一國的通貨膨脹造成壓力。

（二）國際儲備規模的確定

國際儲備規模主要由國際儲備的需求和供給決定。國際儲備的需求是指一國為調節國際收支和防範匯率風險而應儲備的外匯、黃金等資產的數量。國際儲備的供給包括國際儲備貨幣國供應的外匯量和國際貨幣基金組織分配的特別提款權數額等。

1. 國際儲備的需求

一般而言，決定一國國際儲備水平的主要因素是該國的經濟發展水平。由於國際儲備主要用於彌補國際收支逆差，因此國際儲備規模的下限是能保證該國最低限度進出口貿易總量所必需的對外支付要求的儲備資產量。低於這一水平就要引發國際支付危機。國際儲備規模的上限應是可應付該國最快經濟發展速度，緩和任何偶發事件對國際儲備資產需求時的規模。國際儲備規模的下限又稱經常儲備量，是國民經濟發展的臨界制約點，國際儲備規模的上限又稱保險儲備量。在上下限之間，便構成了一國適量的國際儲備區間。

影響國際儲備需求的因素主要如下：

（1）國際收支逆差的規模和發生頻率。一國的國際收支狀況對該國的國際儲備要求具有決定性影響，兩者呈同方向變化。國際收支逆差差額越大，出現的頻率越高，對國際儲備需求量就越多；反之，對國際儲備的需求量就越少。

（2）國際收支調節政策的成本和效率。一國持有國際儲備量最重要的目的是避免或緩衝其採取不利於本國經濟發展的國際收支調節政策，如削減進口、提高利率和法定貶值等。這些政策調節成本越高，持有國際儲備的收益就越大，該國對國際儲備的需求量也就越大。國際儲備需求與調節效率則呈反方向變化，相關政策調節國際收支差額的效率越高，國際儲備需求就越小；反之，相關政策調節國際收支差額的效率越低，國際儲備需求就越大。

（3）匯率制度的選擇。國際儲備需求同匯率制度有着密切的聯繫。若一國採取的是固定匯率制度，並且政府不願意經常性地改變匯率水平，那麼就需要持有較多的國際儲備，以應付國際收支可能產生的突發性巨額逆差或外匯市場上突然的大規模投機；反之，一國採取浮動匯率制度，可以對外匯市場的匯率波動不干預，即對匯率波動的容忍程度大，其國際儲備的持有量就可相對較低。

（4）融資能力。一國在國際金融市場上的融資能力與國際儲備需求有着密切聯繫，兩者呈反方向變化。融資能力越強，其潛在的國際清償力就越強，從而可以減少對國際儲備的需求；相反，融資能力越弱，國際清償力主要由國際儲備構成，彌補國際收支逆差主要依靠國際儲備，對國際儲備的需求就越大。

（5）對外經濟合作和國際政策協調。一國與其他國家如能正常開展廣泛的國際經濟合作，並能保持政策相協調，有利於國際收支失衡的調節，從而可以適當降低國際儲備的持有量；反之，對國際儲備的需求就會增加。

（6）對經濟增長和當期收入水平的偏好。若一國以經濟增長為主要目標，爭取當期收入水平的提高，則其國際儲備的需求必定會受到限制；反之，若一國強調經濟穩定，註重減少收入水平的波動，則其對國際儲備的需求必定會擴大。

2. 國際儲備的供給

國際儲備的供給受到成本變量與收益變量的雙重制約。具體來說，國際儲備的供給由國際儲備的單位收益、儲備貨幣發行國的國際收支逆差的規模及其持續時間、國際貨幣基金組織分配給成員國的特別提款權數額和國際資本市場提供的資金數額等因素決定。國際儲備供給主要有以下幾個渠道：

（1）國際收支的順差。國際收支的順差是國際儲備最主要和最直接的來源。若一國的經常帳戶爲順差，而資本淨流出較少或爲資本淨流入，則該國的國際儲備必然增加。

（2）國家干預外匯市場時買進的外匯。國家干預外匯市場時買進的外匯會增加外匯儲備量，但需要説明的是靠這種渠道增加儲備的只是少數硬通貨國家，大多數國家的貨幣經常處於幣值下浮境地，不大可能靠這種渠道增加儲備。

（3）一國政府持有的貨幣黃金的增加。作爲國際儲備的黃金是貨幣黃金，其增加主要來自國内收購和在國際黃金市場的購買。20世紀70年代以來，隨著黃金非貨幣化的推進，黃金的地位不斷削弱，黃金在國際儲備總量中的比重不斷減少。從世界範圍内來看，黃金產量有限，而黃金其他用途的需求又在逐步增加，因而利用黃金補充國際儲備的餘地不大。

（4）國際貨幣基金組織成員國按規定運用普通提款權所得到的貸款。這部分所占的比重較小且穩定，因而也很難通過這種渠道來改變國際儲備的持有規模。

（5）國際儲備資產自身的增值。一國擁有的外匯及黃金儲備資產在國際金融市場上的匯價或金價發生變動時，其價值也將相應地發生變化。一國根據黃金價格的變動適時地購入和抛出黃金，可以保持國際儲備的增值。不過，採取這種方法增加國際儲備的風險大、可控性差，有時會適得其反。

(三) 常見的確定國際儲備適度規模的方法

各國政府在確定國際儲備適度規模時，基本做法是根據經驗確定一個概數，即利用國際儲備與一些經濟指標之間的比例判斷國際儲備的適度水平。其主要有以下方法：

1. 國際儲備/進口額的比例分析法

這種方法是由美國著名經濟學家羅伯特·特里芬對1950—1957年12個主要國家的國際儲備變動情況進行實證研究後提出的。他認爲，一國的國際儲備應與其貿易進口額保持一定的比例關係，這種比例一般以40%爲適度，低於30%則需要採取調節措施，最低不能小於20%。由於這種方法簡單易行，並且進口額與儲備額的相關分析已證實兩者之間存在一種穩定關係，因此1960年之後得到普遍運用。

2. 國際儲備/國民生產總值的比例分析法

一般來説，一國的經濟規模越大，發展速度越快，對市場的依賴程度也就越大，因此需要更多的國際儲備作爲後盾。這種方法是以實現國内平衡爲出發點的。

3. 國際儲備/外債的比例分析法

這種方法反應了一國的國際清償力和資信，是從滿足國際社會對國内經濟的要求角度設計的。

二、結構管理

(一) 結構管理的必要性

隨著布雷頓森林體系的崩潰和浮動匯率制的實行，國際儲備結構管理尤爲重要。國際儲備結構管理主要基於以下幾個原因：

第一，單一的固定匯率制度轉變爲多種管理匯率制度，使儲備貨幣的匯率波動頻繁，各國金融當局採取相應的措施，以避免本國儲備資產的損失。

第二，國際儲備貨幣從單一的美元轉變爲美元、歐元、日元、英鎊等多種儲備貨幣同時並存的局面。不同儲備貨幣匯率趨勢與波動不一樣，利率水平不同，通貨膨脹率也存在較大差異。在這種情況下，就必須恰當調整和搭配儲備資產的幣種構成，以減少損失，增加收益。

第三，隨著國際貨幣制度發生重大變化，國際金融市場也獲得了長足發展，各種新的金融產品和投資工具層出不窮。這爲國際儲備資產營運方式的選擇提供了更多的機會，但同時也加大了儲備資產管理的難度和複雜性。

(二) 具體管理

1. 外匯儲備的幣種結構管理

由於外匯儲備在各國的國際儲備資產中占的比重最大，因此國際儲備結構管理的重點實際上就落在外匯儲備結構管理上，並且主要包括對外匯儲備資產的幣種選擇及其比例確定兩方面的內容。其管理的核心就是要研究不同儲備貨幣國家匯率和利率、通貨膨脹及經濟發展等的現狀及將來可能的變化和趨勢，在此基礎上，恰當地調整和搭配儲備資產貨幣種類的構成，盡可能地增加收益、減少風險。

2. 外匯儲備的資產結構管理

外匯儲備的資產結構管理的關鍵在於如何權衡流動性、安全性和贏利性。一般情況下，任何一種投資方式都不能同時具備較高的流動性、安全性和贏利性。在外匯儲備存量一定時，應在流動性、安全性和贏利性之間權衡利弊，以制定合理的組合。一個國家採取哪種組合，還要根據具體情況決定。這些情況包括該國生產的季節性對進出口的影響、國際借貸市場的發達程度、證券投資的選擇對象和比例以及該國的資信等。

第三節　中國的國際儲備

一、我國國際儲備的概況

(一) 我國國際儲備的構成

自 1980 年我國正式恢復在國際貨幣基金組織和世界銀行的合法席位後，我國的國際儲備資產也由黃金儲備、外匯儲備、在國際貨幣基金組織中的儲備頭寸和特別提款權四部分構成。我國的黃金儲備量自 20 世紀 80 年代以來一直比較穩定。由於我國在國際貨幣基金組織中所占的份額較小，因此特別提款權和儲備頭寸的數額十分有限，占我國國際儲備總額的比例極小。

我國的國際儲備構成具有以下特點：

1. 黃金儲備量穩定

加入世界貿易組織後，我國經濟與世界經濟更加緊密地融合在一起，對外貿易額和國際資本的流動都有大幅度的增加。爲了增強我國經濟的抗衝擊力的能力，穩定國際收支，我國的黃金儲備額到 2002 年年底增長到 1 929 萬盎司（1 盎司等於 28.35 克，下同），之後的 2003 年到 2009 年 3 月，一直穩定在 1 929 萬盎司，2009 年 4 月增長到 3 389 萬盎司。

2. 外匯儲備的占比大

改革開放以前，我國對外經濟交往很少，在外匯方面實行"量入爲出，以收定支，收支平衡，略有結餘"的方針，外匯收支基本保持平衡。我國加入世界貿易組織後的第一年，外匯儲備就增加了 743 億美元，截至 2010 年年底，我國外匯儲備爲 28 473.38 億美元。

3. 在國際貨幣基金組織的儲備頭寸、特別提款權占比較小，並且呈下降趨勢

目前我國經濟實力還不夠強大，向國際貨幣基金組織繳納的份額也不多。自 20 世紀 90 年代以來，我國與國際貨幣基金組織有關的儲備頭寸和特別提款權占國際儲備的比重最高也不過 5%左右，並且呈下降趨勢。

(二) 我國國際儲備的管理機構

按照"集中管理，統一經營"的方針，我國國際儲備資產的管理機構是中國人民銀行。中國人民銀行主要負責制定儲備資產的方針政策、原則和目標，決定儲備資產的規模及幣種的結構比例等。管理工作重點集中在對外匯儲備的管理上，具體由國家外匯管理局歸口管理，外匯儲備資產大部分委託中國銀行統一經營。

二、我國外匯儲備管理

長期以來我國外匯儲備存在以下主要問題：

第一，儲備資產以債券爲主，結構單一。

第二，儲備貨幣以美元居多，幣種單一。

第三，外匯儲備管理的機會成本高。

因此，我國外匯儲備資產結構管理也要遵循安全性、流動性、盈利性的統一，不僅要求安全管理，而且要求高效經營，密切註意國際金融市場上匯率和利率的變化，適時、適量地進行資產轉換，使儲備資產投資合理化和多樣化，避免國際通貨膨脹及利率、匯率波動造成的損失。

結合當前我國國際儲備發展的趨勢和特點，建議採取下列措施進行外匯儲備管理：

第一，完善法律法規，建立多層次外匯儲備管理體制。

第二，漸進地調整外匯儲備幣種結構，實施多元化管理。

第三，註重風險管理，增加財富效應。

第四，使用存量外匯儲備，爲經濟建設服務。

第五，建立全方位能源戰略體系。

本章小結

　　國際儲備是指一國貨幣當局為平衡國際收支和維持本國貨幣匯率的穩定以及用於緊急國際支付而持有的為各國普遍接受的一切資產。國際儲備主要由四種形式的資產構成：黃金儲備、外匯儲備、在國際貨幣基金組織中的儲備頭寸、特別提款權。

　　國際儲備的管理包括兩個方面：一是量的管理，即國際儲備的規模管理；二是質的管理，即國際儲備的結構管理。

　　自 1980 年我國正式恢復在國際貨幣基金組織和世界銀行的合法席位以後，我國的國際儲備資產也由黃金儲備、外匯儲備、在國際貨幣基金組織中的儲備頭寸、特別提款權四部分構成。我國的國際儲備構成具有三個特點：黃金儲備量穩定；外匯儲備的占比大；在國際貨幣基金組織的儲備頭寸、特別提款權占比較小，並且呈下降趨勢。

復習思考題

1. 簡述國際儲備的含義與構成。
2. 簡述國際儲備的作用。
3. 簡述影響國際儲備需求的主要因素。
4. 試述我國國際儲備構成的特點。

實訓操作

　　通過國家外匯管理局網站（http://www.safe.gov.cn/）統計數據欄目，查找自 2010 年以來我國的國際儲備數據，分析我國國際儲備過多的利弊。

第三章 外匯、匯率、匯率制度與外匯管理

學習目標

- 瞭解外匯、匯率的基本概念和種類
- 學會解讀外匯行情表
- 理解影響匯率變動的因素以及匯率變動對經濟的影響，初步掌握動態預測和分析匯率趨勢的方法
- 瞭解各國在匯率制度選擇上的探索
- 掌握人民幣匯率制度改革的內容及方向

專業術語

外匯　匯率　直接標價法　間接標價法　固定匯率制　浮動匯率制

案例導入

中國近年來致力於促進國際收支平衡，人民幣兌美元和歐元呈穩步升值趨勢。全球金融危機以來，人民幣一直"緊盯"美元，匯率在6.83左右波動。分析人士指出，人民幣短期內仍會以穩定爲主，而未來退出特殊匯率形成機制必定是以擴大雙邊彈性作爲開始。

【啓示】匯率政策是開放經濟體宏觀經濟政策的主要組成部分，匯率的形成機制和匯率對經濟的影響是對外貿易工作者必須掌握的理論基礎和業務基礎。

第一節　外匯概述

一、外匯的含義

外匯（Foreign Exchange）是國際匯兌的簡稱，可以從動態和靜態兩個角度去理解。

（一）動態的外匯的含義

動態的外匯是指人們爲了清償國際債權債務關係，將一種貨幣兌換成另一種貨幣的金融活動過程。這種兌換由外匯銀行辦理，通過銀行間的往來帳戶劃撥資金來完成，

通常不需要現鈔支付和現鈔運輸。

(二) 静態的外匯的含義

静態的外匯又有廣義和狹義之分。

廣義的静態的外匯泛指一切以外幣表示的債權或金融資產。國際貨幣基金組織對外匯的定義是：外匯是貨幣行政當局（中央銀行、貨幣機構、外匯平準基金組織、財政部）以銀行存款、財政部國庫券、長短期政府債券等形式保存的，在國際收支逆差時使用的債權。

狹義的静態的外匯是指以外國貨幣表示的用於國際結算的支付手段，具體包括匯票、本票、支票和銀行存款形式存在的外匯，其中以銀行存款形式存在的外匯是狹義外匯的主體。

人們通常所說的外匯指的就是狹義的静態的外匯。

二、外匯的要素

(一) 外匯必須是外幣表示的國外資產

本國貨幣及由本國貨幣表示的各種信用工具和有價證券自然不是外匯。例如，美元在美國的國際收支中不能作爲外匯，而只有用美元以外的貨幣支付結算，才是發生了外匯收付。

(二) 外匯必須是可自由兌換爲其他支付手段的外幣資產

外匯可以包括外幣，但只有具備可自由兌換性質的外幣才能算是外匯。目前，作爲外匯的外國貨幣種類不多，美元、歐元、日元、加拿大元、瑞士法郎、澳大利亞元等是在國際上可自由兌換的貨幣。

(三) 外匯必須是在國外能得到償付的貨幣債權

空頭支票、遭拒付的匯票等都不能視爲外匯。

資料卡

常用貨幣名稱與符號如表 3.1 所示（下文爲計算簡便、表達簡潔以及符合慣例，使用貨幣符號和國際標準代碼）。

表 3.1　　　　　　　　　　常用貨幣名稱與符號

國家或地區名稱	貨幣名稱	貨幣符號	國際標準代碼
英國	英鎊	£	GBP
歐元區國家	歐元	€	EUR
瑞士	瑞士法郎	SF	CHF
美國	美元	$	USD
加拿大	加拿大元（加元）	Can $	CAD
日本	日元	JP¥	JPY

表3.1(續)

國家或地區名稱	貨幣名稱	貨幣符號	國際標準代碼
新加坡	新加坡元	S$	SGD
澳大利亞	澳元	A$	AUD
韓國	韓元	₩	KRW
泰國	泰銖	B	THB
中國香港	港幣	HK$	HKD
中國	人民幣	RMB¥	CNY
	特別提款權	SDRs	SDR

三、外匯的種類

(一) 按照外匯來源和用途分類

貿易外匯是指通過出口貿易而取得的外匯以及用於購買進口商品的外匯。由於國際貿易涉及銀行、保險、運輸、港口、倉儲、通信、廣告宣傳等服務，因此與之相關的銀行手續費、保險費、運費、裝卸費等外匯收支，都算作貿易外匯。

非貿易外匯是指一切來源於出口貿易或用於進口貿易的外匯之外的外匯，包括勞務外匯、旅遊外匯、僑匯、捐贈、援助外匯以及屬於資本流動性質的外匯等。

(二) 按照對貨幣兌換是否加以限制分類

自由外匯是指不需要經有關外匯管理當局的批準，就可以自由兌換成別的國家(或地區) 的貨幣，用以向交易方或第三國辦理支付的外國貨幣及支付手段。

記帳外匯又稱雙邊外匯或協定外匯，是指不經貨幣發行國的批準，不能自由兌換其他國家的貨幣或對第三國進行支付的貨幣。這種貨幣通常只是在雙邊的基礎上才具有外匯的意義，因為它是在有關國家之間簽訂的貿易清算或支付協定的安排下，以雙方國家中央銀行互立專門帳戶的形式存在的。一般在年度終了時，雙方銀行對進出口貿易額及有關從屬費用進行帳面軋抵，結出差額。

(三) 按照外匯交易的交割期限分類

交割 (Settlement or Delivering) 是指外匯買賣中貨幣的實際收付或銀行存款帳戶上金額的實際劃轉。

即期外匯是指外匯買賣成交後在兩個營業日內交割完畢的外匯。

遠期外匯是指外匯買賣合約 (Contract) 簽訂時，預約在將來一個日期辦理交割的外匯。

第二節　匯率概述

一、匯率的含義

匯率（Foreign Exchange Rate）是指一國貨幣兌換成另一國貨幣的比率或不同貨幣之間的比價。由於匯率是經常變動的，外匯市場上進行外匯買賣的折算標準也隨之變動，因此匯率又稱外匯行市。在我國，人民幣兌外幣的匯率通常在外匯銀行掛牌對外公布，因此匯率又稱牌價。由此可知，匯率、匯價、兌換率、外匯行市、牌價指的是同一個意思。

二、匯率的標價方法

匯率的標價方法是指外匯的比價或比率是如何表示出來的。外匯是在國際上自由兌換、自由買賣的資產，也是一種特殊商品，匯率就是這種商品的"特殊價格"。一般商品的標價是以貨幣表示的，匯率的標價有其特殊性，既可以用本幣表示外幣的價格，也可以用外幣表示本幣的價格，取決於一國採用的標價方法。

一般來説，外匯匯率有以下幾種標價方法：

（一）直接標價法

直接標價法（Direct Quotation）又稱應付標價法，是以一定單位的外國貨幣（1個單位或100個單位）爲標準，折算成一定數額的本國貨幣，即用1個單位或100個單位的外幣值多少單位本幣的方式來表示外幣價格的高低。例如，2016年8月8日，中國銀行人民幣外匯率報價爲USD100＝CNY666.15，這就是直接標價法。等式左邊的外國貨幣稱基準貨幣（或單位貨幣或被報價貨幣），等式右邊的本國貨幣稱計價貨幣或報價貨幣。

若一定單位的外幣換得本幣數額增多，則表明外幣升值，本幣貶值；反之，若一定單位的外幣換得本幣數額減少，則表明外幣貶值，本幣升值。在直接標價法情況下，本幣價值與外匯匯率呈反方向變動。

（二）間接標價法

間接標價法（Indirect Quotation）又稱應收標價法，是以一定單位的本國貨幣（1個單位或100個單位）作爲標準，折算成一定數額的外國貨幣，即用1個單位或100個單位的本幣值多少單位外幣的方式來表示本幣價格的高低。例如：某日，紐約外匯市場上，USD1＝JPY116.4，這就是間接標價法。

若一定單位的本幣換得外幣數額增多，則表明本幣升值，外幣貶值；反之，一定單位的本幣換得外幣數額減少，則表明本幣貶值，外幣升值。在間接標價法情況下，本幣價值與外匯匯率呈同方向變動。

(三) 美元標價法

美元標價法（US Dollar Quotation）是指以 1 個單位的美元爲基準，折合爲一定數額的其他國家貨幣來表示匯率的方法。世界各金融中心的國際銀行公布的外匯牌價都是美元兌其他主要貨幣的匯率，其他國家貨幣之間的匯率則通過各自對美元的匯率套算出來，作爲報價的基礎。例如，某日，國際外匯市場上，USD1 = CHF1.128 7，USD1 = CAD1.040 1 等。在這種標價法中，美元是基準貨幣，作爲計價標準，其他國家的貨幣是標價貨幣，作爲計算單位。因此，在匯率變化時，美元標價法中美元的數額不變，其他國家貨幣的數額隨匯率的變化而變化。

非美元標價法是指以 1 個單位的非美元貨幣爲基準貨幣，折合爲一定數額的美元來表示匯率的方法。在這種標價法中，非美元貨幣是基準貨幣，美元是標價貨幣，如 EUR1 = USD1.314 3，AUD1 = USD0.776 5 等。非美元標價法中，基準貨幣主要有英鎊、歐元、澳元和新西蘭元等幾種貨幣。在匯率發生變化中，非美元標價法中非美元貨幣的數額不變，美元的數額隨著匯率的變化而變化。

在統一外匯市場慣例間接標價法下，市場參與者不必區分直接標價法還是間接標價法，都按市場慣例進行報價和交易。貨幣升值或貶值都會通過各種標價法中標價貨幣數額的增減直接反應出來。

三、匯率的種類

(一) 按國家匯率制度不同分類

固定匯率（Fixed Rate）是指國家通過各種匯率政策和外匯市場的干預手段，使本幣匯率在一定的狹小區間內波動的匯率。

浮動匯率（Floating Rate）是指外匯市場供求關係自發決定的匯率。

(二) 按銀行買賣外匯的價格不同分類

買入匯率（Buying Rate）又稱買入價（Bid Rate），是指銀行買入外匯時所依據的匯率。

賣出匯率（Selling Rate）又稱賣出價（Bid Rate），是指銀行賣出外匯時所依據的匯率。

買入價與賣出價的差額，稱爲買賣差價，一般爲 0.1% ~ 0.5%，外匯市場越發達，這個差價越小，儲備貨幣的差價比非儲備貨幣的差價小。

在外匯市場上掛牌的外匯牌價一般均列有買入匯率與賣出匯率。

在直接標價法下，外匯的買入價在前，賣出價在後。例如，某日紐約外匯市場報價 1GBP = 1.305 6 - 1.306 6USD，前者 1.305 6 表示美國某銀行買入 1 英鎊外匯時給客戶的本幣數額；後者 1.306 6 表示美國某銀行賣出 1 英鎊外匯時向客戶收取的本幣數額。

在間接標價法下，外匯的賣出價在前，買入價在後。例如，某日倫敦外匯市場報價 1GBP = 1.305 6 - 1.306 6USD，前者 1.305 6 表示英國某銀行賣出 1.305 6 美元的同時向客戶收取1英鎊；後者1.3066表示英國某銀行買入1.3066美元的同時付給客戶1英鎊。

美元標價法和非美元標價法中的買入價和賣出價以基準貨幣爲對象，即報價銀行以買入基準貨幣的價格爲買入價，以賣出基準貨幣的價格爲賣出價。當前，在外匯牌價中，無論是美元標價法還是非美元標價法，銀行的買入外匯價格總是低於賣出外匯價格的。

知識拓展

報價銀行與詢價者在匯率報價上的相對關係如下（同一時間下）：

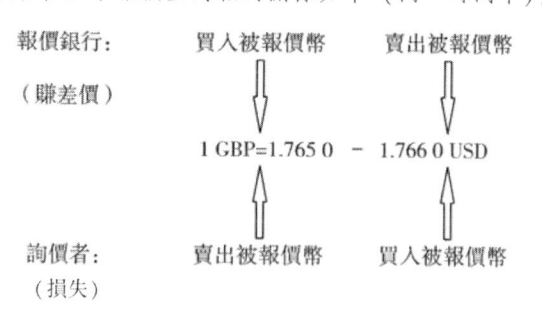

報價銀行：   買入被報價幣   賣出被報價幣
（賺差價）   ⇩   ⇩

$$1 \text{ GBP} = 1.7650 - 1.7660 \text{ USD}$$

               ⇧   ⇧
詢價者：   賣出被報價幣   買入被報價幣
（損失）

結論：客戶在同一時間不可能賺取買賣價差，只能在不同時間賺取買賣匯率差。

中間匯率（Medial Rate or Middle Rate）又稱中間價，是買入匯率與賣出匯率的算術平均數，即中間價=（買入價+賣出價）/2。

中間匯率不是在外匯買賣業務中使用的實際成交價，而是爲了方便計算或更加簡潔。聯合國、國際貨幣基金組織公布的各國匯率表中，均採用中間匯率。西方報刊公布匯率時，也常採用中間匯率。

現鈔匯率又稱現鈔價，是指銀行購買外幣現鈔的價格。前述買入價和賣出價是指銀行購買或出賣外幣支付憑證的價格。銀行在購入外幣支付憑證後，通過航郵轉帳，可很快地存入國外銀行，開始生息，調撥動用；而銀行買入外國的鈔票，要經過一定的時間，積累到一定數額以後，才能將其運送並存入外國銀行調撥使用。在此以前買進鈔票的銀行要承受一定的利息損失；將現鈔運送並存入外國銀行的過程中還有運費、保險費等支出，銀行要將這些損失及費用開支轉嫁給出票鈔票的顧客，因此銀行買入外國鈔票的價格低於買入各種形式的支付憑證價格。而銀行賣出外國現鈔時，則根據一般的支付憑證賣出價，不再單列。

（三）按外匯買賣的交割時間不同分類

即期匯率（Spot Exchange Rate）是指一筆外匯交易成交後，當天或在兩個營業日內實行交割所使用的匯率。一般來說，居民和旅遊者的外幣現鈔、旅行支票及其他小額外匯交易，多半是在成交時收付；但銀行同業間的外匯買賣，按國際商業慣例，通常是在交易後的次日或兩日內收付，如遇到節假日就順延至下一個營業日。即期匯率是由即期外匯市場上交易的貨幣的供求狀況決定的。

遠期匯率（Forward Exchange Rate）是指外匯交易的交割在兩個營業日以上的某個約定日期實行的匯率。遠期外匯的交割日期常見的爲1個月至1年，匯率的變動受利率的變化和外匯市場供求狀況變化的影響。

若遠期匯率＞即期匯率，爲升水（Premium）；若遠期匯率＜即期匯率，爲貼水（Discount）；若遠期匯率＝即期匯率，爲平價（Parity）。

（四）按確定匯率的不同方式分類

基本匯率（Basic Rate）是指一國制定的本國貨幣與基礎貨幣（關鍵貨幣）之間的匯率。所謂關鍵貨幣，是指該國在國際經濟交往和國際儲備中使用最多、所占比重最大的自由兌換貨幣。

套算匯率（Cross Rate）是指通過基本匯率套算出來的匯率，即在基本匯率基礎上套算出本幣與非關鍵貨幣之間的比率。

[例3-1] 國際外匯市場某銀行報出美元兌日元，美元兌瑞士法郎的匯率如下：

1USD＝120.00/10 JPY

1USD＝1.608 0/90 CHF

1CHF＝120.00/1.609 0－120.10/1.608 0JPY

　　　＝74.58－74.69JPY

結論：基準貨幣相同，報價貨幣不同，求報價貨幣之間的比價使用交叉相除。

[例3-2] 某銀行報出歐元兌美元，英鎊兌美元的匯率如下：

1EUR＝1.101 0/20 USD

1GBP＝1.601 0/20 USD

1EUR＝1.101 0/1.602 0－1.102 0/1.601 0GBP

　　　＝0.687 3－0.688 3GBP

結論：基準貨幣不同，報價貨幣相同，求基準貨幣之間的比價使用交叉相除。

[例3-3] 某日外匯市場行情如下：

1USD＝120.10/20 JPY

1EUR＝1.100 5/15 USD

1EUR＝120.10×1.100 5－120.20×1.101 5 JPY

　　　＝132.17－132.40 JPY

結論：基準貨幣不同，報價貨幣也不同，求某一基準貨幣與另一報價貨幣的比價使用同邊相乘。

（五）按兌換方式不同分類

電匯匯率（Telegraphic Transfer Rate，T/T Rate）是指經營外匯業務的銀行用電報方式通知國外付款所使用的外匯匯率。採用電匯方式，銀行在國內收進匯率與在國外付出外匯的時間間隔只有1～2日，銀行不能利用匯款資金，並且需付電報費用，因此電匯匯率最高。現在國際上大額匯款大部分採用電匯，因而電匯匯率成爲基礎匯率，其他匯率的制定均以此爲基礎。一般外匯市場上公布的匯率，多爲銀行的電匯匯率買賣價。西方國家的重要報紙每天都報道外匯市場上銀行間的電匯匯率。

信匯匯率（Mail Transfer Rate, M/T Rate）是指經營外匯業務的銀行用信函方式通知國外付款所使用的外匯匯率。採用信匯方式，銀行在收到顧客交來匯款後，必須經過兩國郵程所需的時間，才在國外付出外匯。在此期間，銀行可以利用顧客的匯款資金，故需在信匯匯率中扣除郵程期間的利息。因此，信匯匯率比電匯匯率低，在外匯業務中，信匯量較少。

票匯匯率（Demand Draft Rate, T/T Rate）是指銀行買賣外匯匯票、支票和其他票據時所採用的匯率。票匯匯率又可分為兩種：一種是即期票匯匯率（Sight Bill Exchange Rate），即銀行買賣外匯即期匯率時所使用的匯率；另一種是長期（或遠期）票匯匯率（Long Bill Exchange Rate），即銀行買賣外匯遠期匯率時所使用的匯率。由於賣出匯票同支付外匯間隔一段時間，因此票匯匯率也需在電匯匯率的基礎上對利息因素做些調整。

（六）按外匯買賣的營業時間分類

開盤匯率（Opening Rate）是指經營外匯業務的銀行在營業日剛開始時買賣外匯使用的匯率，也稱開盤價。

收盤匯率（Closing Rate）是指外匯銀行在一個營業日的外匯交易終了時所使用的匯率，也稱收盤價。

（七）按外匯資金性質和用途不同分類

貿易匯率（Trade Rate）又稱商業匯率（Commercial Rate），即主要用於進出口貿易及其從屬費用方面支付結算的匯率。貿易匯率一般是為一國"獎出限入"的貿易政策服務，以改善該國的國際收支為目的。

金融匯率（Financial Rate）主要是指用於資本往來、旅遊等非貿易方面支付結算的匯率。與貿易匯率相比，金融匯率一般定得較高，以起到限制資金流出、鼓勵外資流入的作用。

（八）按外匯管制的鬆緊不同分類

官方匯率（Official Rate）又稱官價或法定匯率，是指一國貨幣當局規定並予以公布的匯率。一切外匯收入均必須按官方匯率結售給外匯銀行，必須向國家或其指定的銀行申請批給，該匯率比較穩定。

市場匯率（Market Rate）是指外匯市場上進行買賣的實際匯率，隨市場的外匯供求關係而自由變動。該匯率受到外匯的實際供求狀況，能較客觀地反應本國貨幣的對外價值。

（九）按外匯匯率的經濟分析作用不同分類

實際匯率是相對於名義匯率而言的，是名義匯率在考慮了兩國通貨膨脹影響因素後的匯率，也是基於貨幣實際購買力研究的匯率。

有效匯率是指加權平均匯率，是反應一國貨幣整體對外價值的匯率。

四、決定匯率的基礎

各國貨幣之間有可比性，是因爲它們都具有或代表一定的價值。從本質上說，貨幣具有或代表的價值是決定匯率的基礎。在不同的貨幣制度下，貨幣所具有的價值測定方法不同，因此決定匯率的基礎也有所不同。

(一) 金本位制度下

金本位制經歷了金鑄幣本位制、金塊本位制、金匯兌本位制三種形式。其主要特點如下：

第一，各國貨幣均以黃金鑄成，有法定的含金量。

第二，金幣可自由流通、自由鑄造、自由輸出入。

第三，金幣具有無限法償能力。

第四，輔幣和銀行債券可以按照其票面價值自由兌換成金幣。

在這種制度下，國際匯兌和國際結算領域中都可以按各自的含金量多少加以對比，從而確定貨幣比價。因此，金幣本位制下匯率決定的基礎是兩種貨幣含金量之比，即鑄幣平價（Mini Par）。

例如，1個英鎊金幣的重量爲123.274 47格令（1格令約等於0.065克，下同），成色11/12，即含113.001 6（123.274 47×11/12）格令純金；1個美元金幣的重量爲25.8格令，成色9/10，即含23.22（25.8×9/10）格令純金，於是英鎊與美元之間的匯率是113.001 6/23.22＝4.866 6，即1英鎊等於4.866 6美元。

外匯市場上匯率水平的變動最直接的影響因素是外匯市場的供求關係。但供求關係導致的匯率變動並不是無限制的，而是被界定在鑄幣平價上下各一定界限內，這個界限就是黃金輸送點。匯率以鑄幣平價爲中心，在外匯供求關係的作用下上下浮動，以黃金輸送點爲最大波幅。

黃金輸送點（Gold Transport Points）是指匯率波動引起的黃金從一國輸出或輸入的界限。匯率的上漲或下跌超過一定界限時，將引起黃金的輸出或輸入，從而起到自動調節匯率的作用。

黃金輸送點的計算公式如下：

黃金輸入點＝鑄幣平價－黃金運費

黃金輸出點＝鑄幣平價＋黃金運費

例如，第一次世界大戰之前，在英國和美國之間運送黃金的各項費用和利息爲所運送黃金價值的0.5%~0.7%，按平均數計算，運輸黃金費用大概1英鎊爲0.03美元，那麼黃金輸入點就是4.866 6美元－0.03美元，黃金輸出點就是4.866 6美元＋0.03美元。

(二) 紙幣制度下

在紙幣制度下，貨幣代表的實際價值與一國通貨膨脹的程度密切相關。一國通貨膨脹程度越高，其貨幣的實際價值就越低；一國通貨膨脹程度越低，其貨幣的實際價值就越高。

用通貨膨脹程度衡量的貨幣實際價值是貨幣的對內價值。貨幣的對內價值具體表現爲貨幣在國內購買力的高低。因此，貨幣購買力對比就成爲紙幣制度下匯率決定的基礎。紙幣制度下的匯率已失去了穩定的基礎，外匯市場的匯率波動是無休止的，任何能夠引起外匯供求關係變化的因素都會造成外匯行情的波動。

五、影響匯率變動的主要因素

（一）國際收支狀況

國際收支狀況是引起匯率變動的最直接原因。當一國國際收支出現較大順差時，該國外匯收入大於支出，即外匯供給大於需求，外匯匯率下跌，本幣匯率上升；反之，當國際收支出現逆差時，外匯匯率上升，本幣匯率下跌。1973年全球普遍實行浮動匯率制度後，匯率變動主要受國際收支狀況引起的外匯供求關係影響。從較長的時間來看，國際收支狀況是決定匯率基本趨勢的主導因素。

（二）通貨膨脹

通貨膨脹是影響匯率變動的重要因素。從理論上講，一國發生通貨膨脹，紙幣實際代表的價值量減少，在其他國家的貨幣實際代表的價值不變的條件下，要兌換同等價值的外國貨幣，會付出更多的本幣，即外匯匯率上漲。當一國利率降低時，則會導致該國資本外流，對外匯的需求增加，對本幣的需求減少，進而導致外匯匯率上升和本幣匯率下降。

（三）利率水平

各國利率水平的變化會引起短期資本的國際流動。一般而言，利率總是從利率低的國家流向利率高的國家。當一國利率提高時，一方面可以吸引外資流入，使該國的外匯供給增加；另一方面又會引起對該國貨幣的需求增加。兩方面共同作用的結果，使得外匯匯率下降，本幣匯率上升。反之，當一國利率降低時，則外匯匯率上升，本幣匯率下降。

（四）心理預期

心理預期是指人們對某種貨幣升值或貶值的預期。若人們預期某種貨幣不久會貶值，就會大量抛售這種貨幣，使其匯率下降。反之，若人們預期某種貨幣不久要升值，就會大量搶購這種貨幣，使其匯率上升。

（五）重大的國際政治、經濟或軍事性突發事件

例如，1988年12月，戈爾巴喬夫宣布華約要裁軍50萬人，美元匯率上升了400個百分點。

六、匯率變化的經濟影響

（一）對一國國際收支的影響

如果一國貨幣匯率下浮（即本幣賤、外幣貴），則有利於出口，不利於進口。其原

因是本幣匯率下浮降低了用外幣表示的本國出口商品的價格，增強了出口商品的國際競爭力，有利於刺激出口；而相應提高了以本幣表示的外國進口商品的價格，減弱了進口商品的國內市場的競爭力，因而不利於進口。從出口供給的角度看，出口後換回的本幣數額比以前增多。

（二）對國內經濟的影響

1. 對國內物價的影響

匯率變動對國內經濟的最直接影響主要表現為物價的上漲或下跌。從出口角度看，本幣貶值將有利於擴大出口，增加外匯收入，這使得本國貨幣供給增加，促進物價上漲。同時，對國內出口商品的需求增加，國內生產力在短期內還來不及調整，這會加劇國內供需矛盾，從而造成物價上漲，容易引發通貨膨脹。

2. 對國內利率的影響

一國貨幣貶值，人們往往會形成該國貨幣將進一步貶值的預期，從而引起短期資本外逃，國內資本供給減少，利率上升。但是，當貨幣貶值達到一定程度時，則會激發起人們對匯率反彈的預期，可能導致短期資本流入，國內資本供給增加，利率下降。

3. 對國民收入和就業的影響

一國貨幣貶值，將有利於出口而不利於進口，如果國內存在閒置的生產要素，則會刺激國內出口產品生產規模的擴大，進而帶動國內其他行業生產的發展，推動就業水平的提高，增加國民收入。同時，本幣貶值減少了進口，導致對進口產品的需求轉向國內的同類產品，使生產進口替代品的部門和企業的收益增加，從而引起資源在國內各部門的重新配置，而上述的一系列變化會使該國的國民收入總額增加。如果一國的貨幣升值，則情況正好相反。

（三）對國際資本流動的影響

由於長期資本追求長期利益，貨幣貶值對其影響較小；短期資本追求短期利益，若預測貨幣繼續貶值，則導致資本外流，若預測貨幣貶值已到最低點，則有反彈趨勢，導致資本流入。

（四）對國際經濟關係的影響

匯率變動加深各國爭奪銷售市場的競爭，促進儲備貨幣多元化的形成，加劇國際金融市場的動盪和投機，促進國際金融業務不斷創新。

第三節　匯率制度概述

匯率制度（Exchange Rate Regime）又稱匯率安排，是指一國貨幣當局對本國匯率變動的基本方式做的一系列安排或規定。根據匯率調整的頻率、幅度以及方式等不同，匯率制度可分為固定匯率制度和浮動匯率制度。

一、固定匯率制度

固定匯率制度（Fixed Exchange System）是指兩國貨幣的比價基本固定或只能在規定的幅度內波動。當匯率波動超過上下限時，貨幣當局有義務進行干預。歷史上出現過金本位制度下的固定匯率制度與布雷頓森林體系下的固定匯率制度兩種形式。

（一）金本位制下的固定匯率制度

在金本位制下，鑄幣平價是決定匯率的基礎，匯率波動要受到黃金輸送點的自動調節，並且以黃金輸送點爲界限。因此，匯率的變化幅度很小，僅在鑄幣平價上下各0.6%左右的範圍內波動，其穩定是靠自動而非依賴人爲的措施來維持的。

在1929—1933年的世界資本主義經濟危機衝擊下，金本位制徹底崩潰，以金本位制爲基礎的固定匯率制度也隨之消亡，資本主義國家開始普遍實行紙幣流動制度。

（二）布雷頓森林體系下的固定匯率制度

金本位制崩潰後，各國都發行了紙幣。二戰後的布雷頓森林體系實行"雙掛勾、一固定、上下限、政府干預"的固定匯率制度。

此體系實行"雙掛勾"制度，即美元與黃金掛勾，其他國家貨幣與美元掛勾。國際貨幣基金組織要求其會員國規定本國貨幣的含金量，通過含金量的比率（金平價）來確定與美元的匯率，即各國貨幣盯住美元並與之建立固定的比價關係。同時，國際貨幣基金組織又規定兩國貨幣匯率的波動界限爲金平價的上下各1%。

可見，在布雷頓森林體系下，匯率的波動界限已大大超過了金本位制下的黃金輸送點，其調節不具備自動穩定機制，需要人爲的政策來維持。因此，這種匯率制度下的匯率只是相對固定，又被稱爲可調整的盯住匯率制度。

固定匯率制度促進了國內物價水平和通貨膨脹預期的穩定，同時匯率的穩定也爲國際貿易與國際投資提供了較爲有利的環境，從一定程度上減少了匯率變動的風險，便於進出口商、國際信貸和國際投資的經濟主體進行成本和利潤的核算，從而推動了對外貿易的發展，促進了世界經濟的共同繁榮。

但是，固定匯率制度也存在一些缺陷。在外匯市場動盪時期，固定匯率制也易於受到國際遊資的衝擊，引起國際外匯制度的動盪與混亂。

二、浮動匯率制度

浮動匯率制度（Floating Exchange Rate System）是指匯率由市場的外匯供求情況決定，並任其自由漲落的匯率制度。根據不同標準，浮動匯率制度可以劃分爲不同的類型。

（一）根據政府是否對市場匯率進行干預分類

自由浮動又稱清潔浮動，是指政府對外匯市場不進行任何干涉，完全聽任外匯市場供求力量的對比自發地決定本幣對外幣的匯率的制度。

管理浮動又稱骯髒浮動，是指政府對外匯市場進行公開或不公開的干預，以影響外匯的供求關係，使外匯市場和匯率向有利於自己的方向變動的制度。

(二) 根據匯率浮動方式分類

單獨浮動匯率制度是指一國貨幣不與其他國家貨幣發生固定聯繫，其匯率根據外匯市場的供求變化而自動調整的制度。英鎊、美元、日元等貨幣均屬單獨浮動匯率制度。

聯合浮動匯率制度又稱共同浮動匯率制度，是指國家集團在成員國之間採用固定匯率，同時對非成員國貨幣採取共同浮動的制度。歐盟便實行這一制度。

盯住匯率制度是指一國貨幣與某種外幣保持固定比價關係，隨該外幣的浮動而浮動的制度。在西方發達國家採取浮動匯率制度的同時，大部分發展中國家都實行盯住匯率制度。例如，巴哈馬和東南亞國家貨幣盯住美元，緬甸、以色列、沙特阿拉伯和阿聯酋貨幣盯住特別提款權，我國目前採取的是盯住一籃子貨幣的匯率制度。

聯繫匯率制度是一種特殊的盯住匯率制度，最具有典型意義的是港幣聯繫匯率制度。1983年10月17日，香港開始以1美元兌換7.8港幣的比價實行聯繫匯率制度。該聯繫匯率制度規定的1美元兌換7.8港幣的固定匯率只適用於貨幣發行銀行與外匯基金管理局以及商業銀行等與發行銀行之間的發鈔準備規定。在中國香港外匯市場上的美元與港幣的交易並不受此約束，匯率變動由市場供求力量決定。

浮動匯率制度通過匯率標桿的作用，達到國際收支平衡；避免外匯儲備的大量流失；有利於保證一國貨幣政策的獨立性；在一定程度上可以防止國際遊資的衝擊；避免了國際性通貨膨脹的傳播。

但是，浮動匯率的頻繁波動不利於國際貿易和國際投資；匯率波動助長了投機，加劇了動盪；浮動匯率易導致通貨膨脹傾向；浮動匯率為競爭性貨幣貶值提供了借口；在浮動匯率制度下，國際協調更為困難，對發展中國家不利。

三、其他匯率制度

(一) 爬行盯住匯率制度

爬行盯住匯率制度（Crawling Peg System）是指政府當局經常按一定時間間隔以事先宣布的百分比對匯率平價進行小幅度的調整，直至達到均衡的制度。發展中國家常常採用此匯率制度。

(二) 貨幣委員會制度

貨幣委員會（Currency Board）制度是指在法律中明確規定本國貨幣與某一外國可兌換貨幣保持固定的交換率，並且對本國貨幣的發行進行特殊限制以保證履行這一法定義務的匯率制度。

(三) 貨幣聯盟制度

貨幣聯盟制度是指在聯盟內無匯率的問題，但對外仍有匯率的問題的制度。這種制度的優點在於減少交易成本，促進聯盟內的資本流動。這種制度的缺點是在受到衝擊或週期變化時，限制了採取有利的利率和匯率政策。因此，只有當放棄獨立的利率和匯率的代價不高時，貨幣聯盟制度才是有利的。

　　4. 美元化制度（Dollarization）

　　美元化既指一國完全放棄本國貨幣而選用一種穩定的外國貨幣，又指一國在經濟活動中同時使用美元和本國貨幣。前者是完全的美元化，後者是部分的美元化。美元化制度是一個極端的、比貨幣聯盟制度還要嚴格的制度。在這種制度下，美元化國家完全放棄了自己的貨幣，而且它們不是和親密的貿易夥伴共同使用一種貨幣，而是直接使用美元或其他國家貨幣。這種制度的缺點是不僅喪失了獨立的利率和匯率政策，而且也失去了鑄幣稅的收益。該制度一般都是在公民對中央銀行完全失去信心，也不期望中央銀行將來會變好的情況下才實行的。

四、影響匯率制度選擇的因素

　　1978年，國際貨幣基金組織協定的第二次修正案承認各成員國有權自由選擇本國的匯率制度。但是匯率制度的選擇是一個非常複雜的問題，是一國政府的政策行爲。它建立在一國所具有的特殊的經濟特徵的基礎之上。在不同的時期，由於政府追求的政策目的不同，政府選擇的匯率制度也不同。在世界經濟一體化的趨勢下，一國匯率制度的選擇還受其對外經濟貿易關係的影響，受國際經濟和金融大環境的制約。

（一）一國經濟的結構性特徵是匯率制度選擇的基礎

　　小國比較適宜實行固定匯率制度，因爲小國一般與少數幾個國家的貿易依存度較高，匯率的浮動會給該國的對外貿易帶來不利影響。相反，大國由於對外貿易的產品構成多樣化及貿易的地區分布多元化，很難選擇一種貨幣作爲參照貨幣實行固定匯率，一般較適宜實行浮動匯率制度。

（二）特定的政策意圖是匯率制度選擇的政策目的

　　在一國政府面臨較高的國內通貨膨脹率時，政府的政策意圖是控制國內的通貨膨脹情況，固定匯率制度就較爲適宜。若一國政府的政策意圖是爲防止國外輸入型通貨膨脹，則應該選擇浮動匯率制度。在浮動匯率制度下，一國貨幣政策的自主性較強。

（三）一國與其他國家的經濟合作情況對匯率制度的選擇有着重要的影響

　　當兩國之間存在非常密切的經濟貿易往來時，兩國貨幣保持固定比價有利於各自的經濟發展。區域經濟合作關係比價密切的國家之間，也適宜實行固定匯率制度，如歐洲貨幣體系的匯率機制。

（四）國際經濟和環境制約着一國的匯率制度的選擇

　　若一國的經濟開放程度較高（即一國進出口額占國內生產總值比重大）、經濟規模小、進出口集中於某些產品或某幾個國家，一般傾向於採取固定匯率制度或盯住匯率制度。相反，若一國的經濟開放程度低、經濟規模大、進出口分散且多樣化、國內金融市場發達、與國際金融市場一體化程度高、資本流動性好，或者國內通貨膨脹率與其他主要國家不同，一般傾向於採用浮動匯率制度。

第四節　外匯風險及其管理

一、外匯風險

(一) 外匯風險的概念

外匯風險又稱匯率風險，即在國際經濟交易中，由於匯率的變動而給外幣債權人或債務持有人造成損失或收益的可能性（不確定性）。

外匯風險主要包括以下由匯率變動而引起的損失：

第一，外匯債權人以外幣計值的資產或應收帳款價值的減少。

第二，外匯債務人以外幣計值的負債或應付帳款價值的增加。

第三，帳面上的資產損失（如資產負債表、損益表等）。

第四，預期收益的減少。

第五，經營決策中的不確定性增強。

外匯風險的形成，涉及頭寸敞口的問題。所謂外匯頭寸，是指外幣資產或負債的存量。其有以下三種表現形態：

第一，頭寸軋平，即外匯資產＝外匯負債。

第二，多頭，即外匯資產＞外匯負債，又稱超買。

第三，空頭，即外匯資產＜外匯負債，又稱超賣。

敞口頭寸是指外匯資產與負債的差額，即暴露於外匯風險之中的那部分資產或者負債。在外匯軋平情況下，並不存在外匯風險，因爲匯率變動對資產的影響因爲其對負債的反向影響而抵消。有在多頭和空頭的情況下，才存在着敞口頭寸，並且只有敞口頭寸那部分資產或負債面臨着外匯風險。

(二) 外匯風險的類型

1. 交易風險

交易風險是指交易行爲產生敞口頭寸而形成的外匯風險。它是最主要的外匯風險，表現在以下方面：

(1) 進出口貿易結算風險

在國際貿易中，由於匯率變動而引起的應收或應付帳款價值變動的風險就是貿易結算風險。例如，我國某企業6個月後要收入一筆貨款50萬美元，並且同時要支付一筆6 500萬日元的進口設備貨款。該企業打算以該筆外匯收入支付進口貨款，當時匯率爲1USD＝130JPY。6個月後，匯率變爲1USD＝120JPY。可見，由於美元的貶值，該企業損失了4.17(6 500/120－6 500/130) 萬美元。

(2) 外匯買賣風險

在外匯買賣中，從交易日到交割日的匯率變動對外匯敞口頭寸帶來的風險就是外匯買賣風險。例如，某外匯銀行在當天以1EUR＝1.15USD 的匯率賣出美元買入100萬歐元。若第二天市場匯率變爲1EUR=1.14USD,則由於外匯買賣風險,該銀行將損失1萬美元。

(3) 國際信貸風險

國際信貸風險是指在國際信貸業務中,由於匯率的變動使債權人少收本幣(或其他貨幣),債務人多付本幣(或其他貨幣)。例如,我國某企業1993年年初借入100萬美元一年期的國際商業貸款,當時市場調劑匯率爲1USD=7.10CNY,1994年我國實行匯率並軌,該企業還款時的市場匯率爲1USD=8.50CNY,則由於國際信貸匯率風險,該企業在一年內損失了140萬元人民幣。

2. 會計風險

會計風險又稱折算風險或評價風險,是指在會計期末根據會計準則將各種外幣資產與負債轉換成記帳貨幣時,因匯率波動而出現帳面損失或收益的可能性。

企業在一國註冊,根據主權原則,會計報表應該使用註冊國貨幣作爲記帳貨幣,這就要求該企業發生的外幣支出、外幣資產和負債要根據一定的會計準則,轉變爲本國貨幣來表示,這一過程稱爲折算。

例如,美國某公司在法國的子公司擁有資產1 000 000歐元,年初上報會計報表時,1USD=1.340 0EUR,此時在該公司財務報表上這筆歐元貶值。當1USD=1.36EUR時,這時原來的1 000 000歐元的資產在財務報表上只能值735 294.12美元,這筆資產帳面價值損失了10 974.54美元。顯然,即使企業的外幣資產和負債的數額沒有發生任何變化,但是只要匯率發生波動,企業的會計帳目中相對應的本幣數量必然會有所增加或減少,幾乎從事涉外活動的企業都無法迴避這種會計帳面風險。與交易風險、經濟風險不同,會計風險是一種存量風險。會計風險雖然不涉及現金移動或財富轉移,但會影響到企業效益評估、企業管理和稅收繳納等方方面面。因此,涉外企業特別是跨國公司,應該對會計風險給予高度的重視。

3. 經濟風險

經濟風險是指由於意料之外的匯率變動導致國際企業在未來一定時間內收益蒙受損失的潛在性風險。經濟風險的大小取決於匯率變化對該企業產品的未來銷售量、價格以及成本的影響程度。潛在經濟風險直接關係到國際企業在海外的經營效果或者一家銀行在國外的投資收益。經濟風險與交易風險不同的是,交易風險側重於每筆單獨的交易因匯率變動的影響而帶來的損失;而經濟風險側重於企業的全局,是從企業的整體出發來預測未來一段時間內因匯率變動而發生的損益變化狀況。經濟風險的分析很大程度上取決於公司的預測能力,預測的準確度將直接影響該公司在銷售、生產與融資方面的戰略決策。

例如,當一國貨幣貶值時,出口商可能因爲出口商品的外幣價格下降而刺激出口,使其由於出口額(對外銷售額)的增加而受益。但如果出口商在生產過程中使用的主要原材料是進口商品,由於本國貨幣貶值會提高以本幣表示的進口商品價格,則出口商品的生產成本又會增加。其結果有可能使出口商在未來的純收益下降,這種使未來純收益受損的潛在風險便屬於經濟風險。

4. 儲備風險

在外匯儲備持有期間，若儲備貨幣匯率變動引起外匯儲備價值發生損失就稱為儲備風險。在一般情況下，外匯儲備中貨幣品種應適當分散，保持多元化，根據匯率變動和支付需要，隨時調整結構，使儲備風險減小到最低限度。

(三) 不同類型外匯風險的比較

1. 從產生的時間來看

交易風險和會計風險的損益結果只突出企業在過去已經發生的交易在某一時點的外匯風險的受險程度。

經濟風險衡量了將來某一時間段內出現的外匯風險，如在短期（1年以內）、中期（1~5年）以及長期（5年以上）的不同時間段內，匯率變化對各期的現金流量、經濟風險的受險程度以及企業資產價值的變動將產生不同程度的影響，即經濟風險會隨時間段的不同而有所不同。

2. 從損益結果的衡量上來看

交易風險和會計風險均可根據會計程序進行衡量，可以用一個確定的具體數字來表示，具有客觀性和靜態性特點。

經濟風險的衡量不是根據會計程序，而是基於經濟分析，涉及企業財務、生產、市場、價格等各個方面，因此帶有一定的主觀性和動態性的特點。

3. 從企業不同管理層次的角度來看

交易風險既可以從單筆獨立的交易的角度來衡量，也可以從子公司經營的角度來衡量其風險的損益結果。

會計風險一般只能從母公司的角度來衡量其受損的程度。

經濟風險從國際企業的全局或某一子公司全局來考察其風險的損益結果。

4. 從企業損益的真實性來看

交易風險關係到現金的流動，會造成真實的損益，即匯率變動給交易風險的承擔者造成了實實在在的損益。

會計風險主要影響國際企業的資產負債表、損益表等財務報表，與現金流動無關，由此造成的損益是不真實的，而只是一種帳面損益。

(四) 外匯風險的構成因素

只涉及本幣或外幣的經濟交易，不會存在外匯風險。例如，兩個國內企業之間的經濟交易或兩個外國企業之間的經濟交易就不會形成外匯風險。同樣，如果一筆業務排除了時間因素，如企業進行交易時按現行匯率進行交割，也不會面臨外匯風險。

一筆應收外幣帳款或應付外幣帳款的時間結構對外匯風險的大小具有直接的影響。時間越長，不可預知的因素越多，則在此期間內匯率波動的可能性就越大，外匯風險相對較大；時間越短，影響因素越少，則在此期間內匯率波動的可能性就越大，外匯風險也相對較小。

從時間結構越長、外匯風險越大這個角度來分析的話，外匯風險包括時間風險和價值風險兩大部分。改變時間結構，如縮短一筆外幣債權債務的收取或償付時間，可以減緩外匯風險，但並不能消除價值風險，因爲本幣與外幣折算所存在的匯率變化風險依然存在。

二、外匯風險管理

外匯風險管理是指涉外經濟主體爲避免匯率變化可能造成的損失，對外匯市場可能出現的變化所採取的相應對策。具體來說，外匯風險管理是通過對外匯風險的特點、形成原因等進行分析，選擇轉嫁風險的解決辦法，力求以最小的成本最大限度地防範風險。

外匯風險的管理方法主要分事前管理和事後管理。事前管理稱爲外匯風險的防範，主要是通過改善企業內部經營來實現；事後管理稱爲外匯風險的轉嫁，主要是利用外匯市場金融資產的交易來實現。

(一) 外匯風險管理戰略

外匯風險管理戰略是指從事國際貿易的國際企業對外匯風險所持的一般態度。根據企業對外匯風險採取的不同態度，外匯風險戰略管理主要有以下幾種選擇：

1. 完全不彌補戰略

這是指對外匯風險不採取任何防範措施，是一種聽其自然的消極性戰略。

2. 完全彌補戰略

這是一種安全第一，對外匯暴露一律採取保值措施的戰略，即企業對其所持有的外匯頭寸中，不論哪種外幣出現了多頭或空頭一概予以拋補。

3. 混合型戰略

這是介於完全不彌補戰略和完全彌補戰略之間的一種戰略，即對某些外匯暴露採取保值措施，而對另一些外匯暴露則不採取保值措施。其具體分爲：

(1) 進攻性戰略。採取這種戰略的企業在面對高收益和低風險的替代選擇中，較多地選擇了高收益，對外匯風險持積極態度，不僅希望通過採取某些防範措施以部分彌補風險損失，而且更希望利用匯率的有利波動來獲取利益。

(2) 防守性戰略。採取這種戰略的企業以穩健爲原則，盡量減少可能發生的外匯損失，因此在高收益和低風險的替代選擇中，企業更多地選擇了低風險。

(二) 企業減緩或消除外匯風險的方法

企業可以採取以下方法減緩或消除外匯風險：

1. 合同條款選擇法

合同條款選擇法是指企業在簽訂合同時通過合同特殊條款的選擇來防範和規避外匯風險的方法。

(1) 貨幣選擇法。貨幣選擇法是通過對計價貨幣的選擇來減緩和防範外匯風險的一種風險管理方法。其表現爲以下三種方法：

①本幣計價法。本幣計價法是指在國際業務中應盡力爭取使用本幣計價結算以避開貨幣兌換所帶來的外匯風險，但其前提爲本幣是可自由兌換貨幣，對方能夠接受而不至於使企業喪失貿易機會。

②"軟進口、硬出口"法。"軟進口、硬出口"法是指在出口貿易中採用硬貨幣或具有上浮趨勢的貨幣作爲計價貨幣；在進口貿易中採用軟貨幣或具有下浮趨勢的貨幣作爲計價貨幣，以使匯率的變動有利於增加出口的收匯金額，減少進口的支付金額，從而防範和規避外匯風險。但這種方法需要對匯率走勢有比較準確的預測，否則效果會適得其反。

③多種貨幣計價法。多種貨幣計價法是在合同中規定以多種貨幣來計價，以使某種貨幣匯率上升的影響在一定程度上被其他貨幣下降的影響所抵消，從而減少外匯風險。在進出口貿易洽談中，進口商希望以軟貨幣計價，而出口商希望以硬貨幣計價，爲了使買賣雙方平等互利，可採取一半的進出口用硬貨幣，一半的進出口用軟貨幣。有些金額較大的進出口合同，可以採用四種貨幣計價，兩種較硬的貨幣，兩種較軟的貨幣，使不同貨幣的急升急降風險得以對沖。

計價貨幣的選擇直接關係到交易主體是否會承擔匯價風險。計價貨幣一般在本幣、交易對方國貨幣和第三國貨幣之間進行選擇，選擇可自由兌換貨幣，有利於雙方日後結算和轉移外匯風險。

但是上述前兩種方法在實際運用中往往受到一些因素的制約。例如，本幣若是不可自由兌換的貨幣，往往難以被對方接受，而且根據國家慣例，黃金、石油等大宗交易均是以美元計價，本幣計價難以實現。又如，軟貨幣和硬貨幣的選擇往往要受到交易意圖、市場需求、商品質量、價格條件等因素的制約，可能出現收匯時不得不使用軟貨幣而付匯時不得不使用硬貨幣的情形。因此，經營者可以通過價格調整即定價的方法來加以彌補。

（2）定價保值法。定價保值法是指通過提高或壓低商品價格來避險保值的一種方法。其表現爲以下兩種方法：

①加價保值法。加價保值法是指在出口貿易中，出口商接受軟貨幣計價時，可設法提高出口商品的價格，以彌補因使用軟貨幣計價可能遭受的損失。當然，如果是買方市場的話，則貨價不易提高。

②壓價保值法。壓價保值法是指在進口貿易中，進口商接受硬貨幣計價時，可設法壓低進口商品的價格，以彌補因使用硬貨幣計價可能遭受的損失。同樣，如果是賣方市場的話，則貨價不易降低。

價格調整並不等於沒有風險，實際上外匯風險依然存在，只不過調整價格可以減緩風險而已。

（3）貨幣保值法。貨幣保值法是指在合同中約定使用對方可以接受的貨幣來計價，但同時用於某種比較穩定的價值單位進行外匯保值的一種風險管理方法。其表現爲以下三種方法：

①黃金保值法。黃金保值法是在簽訂合同時訂立黃金保值條款，將交易日的計價貨幣轉換成一定數量的黃金，在交割日再將特定數量的黃金按當時的金價轉換成一定數量的計價貨幣。由於黃金的價格相對較穩定，黃金保值法可在一定程度上防範匯率波動的風險。

②外匯保值法。外匯保值法是指以硬貨幣對合同金額進行保值，以軟貨幣支付貨

款從而減緩外匯風險。

③綜合貨幣單位保值法。綜合貨幣單位保值法與外匯保值法的形式、性質相同，但不是以硬貨幣來保值，而是選擇特別提款權（SDRs）、歐洲貨幣單位（ECU）或其他綜合貨幣單位對合同金額進行保值以減緩外匯風險。由於這些綜合貨幣單位是由一定比重的硬貨幣與軟貨幣搭配組成的，故其價值較為穩定，可以起到保值的作用。

2. 提前與推後收付法

提前與推後收付法是根據對匯率的預測，提前或推遲收付外幣，以避免外匯風險或獲取風險收益。

提前與推後收付法具有外匯投機的性質，因為其涉及在預期的基礎上採取行動，以期獲得風險收益。

對於外幣應收帳款而言，若預測外幣的匯率趨於上升時，出口商或債權人應推遲收款，以期使既定的外幣應收帳款在匯率上升後能兌換回更多的本幣；若預測外幣的匯率趨於下跌時，出口商或債權人應提前收款，以避免外幣應收帳款在匯率下跌後能兌換回的本幣減少的風險。

對於外幣應付帳款而言，若預測外幣的匯率趨於上升時，進口商或債務人應提前付款，以避免在外幣升值後付款時要支付更多本幣的風險；若預測本幣的匯率趨於下跌時，進口商或債務人應推遲付款，以期在外幣貶值後可以用較少的本幣換取外幣用於支付。

3. 配平管理法

配平管理法是一種使外匯流入與流出在金額、幣種以及時間上相互平衡的管理機制，即當存在一筆外匯暴露時，以同種外幣或與該種外幣有固定聯繫的貨幣，並以相同的期限和等值的數額，創造一筆流向完全相反的資金流量的方法。配平管理法包括自然配平和平行配平兩種。

（1）自然配平。自然配平又稱平衡法，是指在同一時期內，以同種貨幣創造一個金額相同、期限相同的資金反方向流動。

（2）平行配平。平行配平又稱組對法，是指當某公司具有某種貨幣的外匯風險時，可以創造一個與該種貨幣有固定聯繫的另一種貨幣的反方向流動來消除該種貨幣的外匯風險。

4. 外匯交易法

外匯交易法是指企業通過續做一筆反向的外匯交易，以規避或對衝日常經營活動中存在的頭寸敞口匯率風險。此方法是企業規避和防範匯率風險最為常用、最為重要的方法。

5. BSI 法與 LSI 法

BSI（Borrow-Spot-Invest）法是指企業通過借款、即期外匯交易和投資的程序，來消除或規避外匯風險的一種風險管理辦法。

LSI（Lead-Spot-Invest）法是指企業通過提前收匯、即期外匯交易和投資的程序，消除或規避外匯風險的一種風險管理辦法。

6. 債務淨額支付法

債務淨額支付法是指國際公司在清償其內部交易產生的債權債務關係時，對各子公司之間、子公司與母公司之間的應收款項和應付款項進行劃轉與衝銷，只是定期對淨額部分進行結算，以此來減少風險性的現金流動。

7. 外匯風險保險法

外匯風險保險法是指國際交易者可以利用外匯風險保險服務來規避外匯風險。例如，荷蘭的信貸保險有限公司、英國的出口信貸保證部、中國的出口信用保險公司、美國的進出口銀行等均提供外匯風險保險服務。

(三) 經濟風險的管理

由於匯率的變化影響著公司經營的所有方面，因此經濟風險的管理不僅涉及財務領域，還涉及市場、生產的各個環節，經濟風險的管理措施包括調整性戰略和分散化戰略。

1. 調整性戰略

調整性戰略是指跨國公司根據對匯率走勢、市場走勢的判斷，在經營的各個方面進行調整，以適應變化的趨勢，從而提高在全球的競爭地位。一般情況下，這種調整是以全球分散化為基礎和條件的，戰略性調整涉及公司經營的各個方面，包括原材料供應、生產、產品、定價、市場等方面。

(1) 生產策略。該策略更多地涉及生產轉移和原材料供應轉移，跨國公司可以綜合分析成本、價格等因素，在各個子公司之間分配產量。在原材料供應方面，在全球市場尋求廉價資源同樣也可以使公司利用匯率的變化管理經濟風險。

(2) 產品策略。跨國公司經常通過改變產品策略來應對其面臨的匯率風險。產品策略包括生產額度決定、新產品的介紹和產品創新。在本幣貶值後的一段時間，由於產品具有競爭性價格優勢，這段時間就成為發展品牌專利的黃金時間。

(3) 定價策略。定價策略首先需要確定跨國公司的目標是市場份額還是利潤率。例如，當美元貶值時，從美國出口的產品在世界市場上具有競爭性的價格優勢。美國的出口商面臨著兩種選擇，既可以提高以美元表示的產品價格而使其在國際市場上的價格保持不變，從而提高利潤率，也可以保持其美元價格不變，而使產品在世界市場上的價格下降，從而擴大產品的市場份額。

(4) 市場策略。在本幣匯率波動的情況下，改變市場策略能夠為跨國公司獲得競爭優勢提供大量的機會。

本幣貶值後，跨國公司將能擴大生產量來滿足廣大國內外消費者的需求。本幣升值後，儘管產品價格的上升會減少跨國公司的市場份額，但此時卻是跨國公司增加新產品研發預算、實施新產品的好時機。

2. 分散化戰略

分散化風險戰略是指跨國公司在生產設施、原材料供應、銷售市場、資本來源等方面進行方式和地區分布的多樣化，從而使各種未到期的波動得以相互抵消，達到風險管理的目的。

（1）國際經營分散化。當匯率變動時，跨國公司就能通過其在某些市場競爭優勢的增強來衝抵在另一些市場的競爭劣勢，從而消除經濟風險。例如，跨國公司對原材料的需求不僅依賴於一兩個國家或市場，而是擁有多個原材料的供應渠道，即使由於某個國家貨幣匯率變化而使得原材料價格上漲，也不至於使生產成本全面提高而降低產品在國際市場上的競爭力。跨國公司產品的分散化銷售也可以在匯率變動時，使得不同市場上產品差異帶來的風險相互抵消。

（2）國際融資分散化。國際融資分散化是指跨國公司從多個金融市場以多種貨幣形式獲得借貸資金。通過這種多來源、多貨幣的融資，可以分散匯率、利率波動的風險。跨國公司經常採用的融資方式除了銀行直接融資外，還有票據貼現、保付代理等融資方式。

第五節　中國的匯率制度及外匯管理

一、人民幣匯率制度及其選擇

（一）人民幣匯率簡述

人民幣匯率是人民幣對外的比價，是其對外價值的體現，長期以來由政府授權的國家外匯管理局統一制定、調整和管理。表 3.2 列出的是 2013 年 8 月 8 日中國銀行的外匯牌價表，從中可以看出，人民幣匯率採用直接標價法，以 100 單位外幣爲標準折合成人民幣若干元。

表 3.2　　　　　2013 年 8 月 8 日人民幣匯率牌價表（中國銀行）　　　　單位：元

貨幣名稱	現匯買入價	現鈔買入價	現匯賣出價	現鈔賣出價	中行折算價	發布日期	發布時間
新臺幣		19.74		21.17	20.43	2013-08-08	17:50:54
英鎊	944.99	915.81	952.58	952.58	955.59	2013-08-08	17:50:54
港幣	78.75	78.11	79.05	79.05	79.55	2013-08-08	17:50:54
美元	610.78	605.88	613.22	613.22	617.03	2013-08-08	17:50:54
瑞士法郎	662.02	641.58	667.33	667.33	663.02	2013-08-08	17:50:54
新加坡元	483.33	468.41	487.21	487.21	482.51	2013-08-08	17:50:54
瑞典克朗	93.74	90.85	94.5	94.5	93.98	2013-08-08	17:50:54
丹麥克朗	109.13	105.76	110.01	110.01	109.38	2013-08-08	17:50:54
挪威克朗	103.15	99.96	103.98	103.98	103.58	2013-08-08	17:50:54
日元	6.3365	6.141	6.381	6.381	6.3717	2013-08-08	17:50:54
加拿大元	585.04	566.98	589.74	589.74	591.85	2013-08-08	17:50:54
澳大利亞元	552.93	535.87	556.81	556.81	555.81	2013-08-08	17:50:54
林吉特	187.39		188.71		188.78	2013-08-08	17:50:54

表3.2(續)

貨幣名稱	現匯買入價	現鈔買入價	現匯賣出價	現鈔賣出價	中行折算價	發布日期	發布時間
歐元	813.81	788.69	820.35	820.35	823.03	2013-08-08	17:50:54
澳門元	76.51	73.94	76.8	79.27	76.62	2013-08-08	17:50:54
菲律賓比索	13.98	13.55	14.09	14.53	14.01	2013-08-08	17:50:54
泰國銖	19.5	18.9	19.66	20.26	19.52	2013-08-08	17:50:54
新西蘭元	485.84	470.84	489.75	492.67	485.82	2013-08-08	17:50:54
韓國元		0.530 6		0.575 5	0.552	2013-08-08	17:50:54
盧布	18.53	18.01	18.68	19.3	18.6	2013-08-08	17:50:54

現行人民幣匯率主要是人民幣與發達國家貨幣之間的管理浮動匯率，其中以人民幣對美元匯率爲基準匯率，人民幣與其他貨幣之間的匯率通過各自與美元的匯率套算出來。

(二) 人民幣匯率制度的特點

人民幣匯率制度的特點如下：

第一，以市場供求爲基礎的匯率。

第二，有管理的匯率。

第三，浮動的匯率。

第四，參與一籃子貨幣進行調節。

(三) 人民幣匯率制度的改革方向

人民幣匯率制度的改革方向如下：

第一，逐步擴大匯率浮動區間，適當放寬人民幣匯率的波動幅度。

第二，註意匯率機制調整同其他宏觀經濟政策的配合。

第三，協調好資本項目開發與人民幣匯率制度改革的關係。

二、中國的外匯管理

(一) 外匯管理的必要性

中國是一個發展中國家，曾經在相當長的時期內外匯資金比較缺乏。因此，在較長的時期，中國曾實行了比較嚴格的外匯管理。從根本上講，外匯管理是爲了穩定中國的對外金融，促進國民經濟發展及維護國家權益。外匯管理的必要性具體表現在以下幾個方面：

第一，實行外匯管理是中國對外經濟開放的客觀需要。

第二，實行外匯管理是實現中國國際收支平衡的需要。

第三，實行外匯管理是中國維護人民幣統一市場的需要。

第四，實行外匯管理是中國提高用匯經濟效益的需要。

（二）外匯管理的發展歷史

新中國成立以來，中國外匯管理的發展大致分為以下四個階段：
第一，國民經濟恢復時期的外匯管理（1949—1952 年）。
第二，實行全面計劃經濟時期的外匯管理（1953—1978 年）。
第三，改革開放後逐步健全外匯管理體系時期（1979—1993 年）。
第四，逐步放鬆的外匯管理時期（1994 年至今）。

（三）中國的外匯管理機構及其職能

中國的外匯管理機構是國家外匯管理局及其分支局。國家外匯管理局是在國務院領導下，歸中國人民銀行管理的機構，在全國各省、自治區、直轄市、計劃單列市、經濟特區都設有分支局，目前分支局已達 440 多個。其主要職能如下：
第一，根據國家的政策和經濟建設的需要，制定外匯管理的法規和制度，並組織實施。
第二，會同國務院有關部門，編制國家外匯收支計劃並監督執行。
第三，管理國家外匯資金和外匯儲備。
第四，制定和調整人民幣匯率政策。
第五，管理銀行間外匯市場，代理中國人民銀行干預外匯市場。
第六，管理外債，審批向國外銀行借款、在國外發行債券和對外擔保業務，辦理全國外債的監測、登記和統計。
第七，審批與管理銀行和非銀行金融機構的外匯業務。
第八，監管貿易、非貿易外匯收支和外商投資企業的外匯收支。
第九，管理在境外投資企業的外匯收支。
第十，編制國家外匯收支統計和國際收支平衡表。
第十一，檢查和處罰違反外匯管理的案件。

（四）人民幣自由兌換的前提條件

一國貨幣實現自由兌換既有利也有弊，一方面，促進了國際資本流動，帶動技術及其他生產要素的流動，從而帶動經濟的發展；另一方面，國際資本流動反覆無常，各國對資本大進大出的承受能力差異很大，抵禦危機的能力也不盡相同，基礎較弱的國家很可能在受到衝擊後一蹶不振。

人民幣自由兌換的前提條件如下：
第一，經濟體系良好。
第二，宏觀經濟政策健全。
第三，國內金融體系完善。
第四，匯率制度安排合理和形成機制有效。
第五，利率市場化。
第六，國內資本市場發育良好。
第七，中央銀行監管得力。

（五）2008 年以來的人民幣國際化進程

2008 年，當美國次貸危機逐步演變成國際金融危機後，中國政府先後與韓國、馬來西亞、白俄羅斯、印度尼西亞、阿根廷和冰島等國家分別簽訂了雙邊貨幣互換協定。這些協定的簽訂表明，人民幣在跨境貿易結算中的地位提高，開始了其國際化進程。

1. 人民幣國際化面臨的歷史機遇

（1）新興經濟體傳統貿易支付手段短缺，爲人民幣實現貿易結算提供了機遇。在 2008 年以來的國際金融危機中，大量美元從新興經濟體流出。

（2）國際金融危機令美元信任危機大幅上升，爲人民幣的國際化打開了歷史空間。基於對中國長期經濟增長前景的普遍樂觀預期，加上我國保留的全球第一的外匯儲備，未來人民幣仍將總體保持升值的大趨勢已成爲國際市場的一致看法。這無疑鼓勵了更多國家選擇人民幣作爲儲備資產的可能性。

2. 促成人民幣國際化的主要因素

（1）中國經濟在世界經濟中的相對規模。中國經濟總量已躋身世界前列，2010 年中國國內生產總值總量超過日本，成爲全球第二大經濟體。

（2）中國貿易總量在世界貿易總量中的相對規模。中國 2012 年的貿易總額爲 38 667 億美元，基本確定在貨物進出口總值上超越美國，成爲全球最大貨物貿易國。這是繼 2009 年中國成爲世界第一大出口國和第二大進口國之後，中國對外貿易發展的又一個象徵性節點。中國目前已是主要東南亞國家的最大貿易夥伴之一。

（3）人民幣幣值的穩定性。人民幣幣值總體穩定性較好，一般來說，一國貨幣幣值穩定可分爲對內價值穩定和對外價值穩定。從對內價值的穩定性來看，中國通貨膨脹水平的穩定程度甚至與主要發達國家大致相當。從對外價值的穩定性來看，根據國際清算銀行提供的人民幣有效匯率和實際匯率指數，人民幣近幾年總體穩定性較好。

（4）中國的金融市場完善程度。我國在完善金融市場方面已有巨大進步，但仍有較長的路要走。從金融市場的建設來講，中國國內證券市場、外匯市場、黃金市場和衍生品市場等從無到有，發展迅速。總體上來看，市場發展還處於初級階段。由於中國當前國內金融市場尚不完善，造成人民幣總體流動性仍然較差。因此，這構成了人民幣國際化進程中最迫切需要解決的基礎性問題。

（5）歷史偏向。歷史偏向是指由於歷史原因，在其他貨幣已先行占據國際貨幣地位之後，對後起貨幣國際化形成的制約。人民幣作爲一種後起貨幣，要使自己躋身國際貨幣行列，應降低當前使用其他國際貨幣國家的退出成本，同時提高其他國家使用人民幣的收益。

3. 中國應借鑒的其他貨幣國際化的歷史經驗與教訓

從典型貨幣的國際化性質來看，總體可分爲以下三大類型：

（1）強權輔助下的國際化——英鎊與美元——無法複製的經驗。雖然英鎊和美元的國際化，都與兩國經濟實力的提升並最終成爲全球經濟霸主緊密相連，但不可忽視的是，在英鎊和美元國際化進程中，本國強權的大力支持和推進至關重要。在和平與發展已成爲全球主旋律的背景下，英鎊和美元借助強權進行國際化的經驗，對於人民幣的國際化幾乎不具有可複製性。

（2）區域一體化促成的國際化——馬克——可以部分借鑒的經驗。在二戰後特別是20世紀80年代和平環境中，德國馬克的國際化取得了長足進步，並最終上升爲國際貨幣體系中僅次於美元的國際貨幣。當然，在當時歐洲一體化的進程中，原來還存在英國和法國兩大可與之競爭的"火車頭"，只是因爲德國央行對通貨膨脹的控制更爲成功，維持了德國馬克幣值的穩定，從而令德國馬克成爲歐洲國家不約而同選擇的"駐錨"貨幣，由此將其帶入了快速的國際化軌道。

顯然，從德國馬克的國際化成功經驗中，中國可以得到兩點啓示：第一，積極面對區域經濟一體化進程。第二，因地制宜選擇匯率制度，保持幣值穩定。這對加快人民幣的國際化進程至關重要。

（3）金融市場改革推進的國際化——日元——更爲類似的情形，經驗與教訓並存。日元既無法借助於強權，也無法獲得區域經濟一體化的助力，而只能依靠自身金融市場的改革發展來推進日元國際化。

中國需要借鑒日元國際化的主要經驗在於：第一，貨幣的國際化進程有可能通過政府順應潮流的政策選擇而得以加快。第二，完善本幣金融市場、提高市場流動性、便利國外居民參與本幣金融市場活動、建立本幣國際金融中心等措施，是有價值的政策努力方向。第三，鼓勵貿易中用本幣結算，可以作爲貨幣國際化初期的重要步驟。

中國需要汲取日元國際化的主要教訓是沒有經濟的持續穩定增長，就不可能單純借助於政策的推進而獲得貨幣持續國際化的成功，要認真權衡利弊和評估政府對形勢的調控能力，在確保經濟穩定的前提下，穩步推進貨幣國際化。

4. 人民幣國際化的前提條件

（1）發揮人民幣國際貿易的計價和結算功能，需要人民幣幣值適度堅挺。

（2）發揮人民幣的國際貨幣的交易功能，需要人民幣自由兌換。

（3）發揮人民幣的國際貯藏功能，需要境外人民幣能夠回流。

5. 人民幣國際化需要註意的問題

（1）保持國內經濟在盡可能長時期內的平穩較快發展，這是最重要的基本面決定因素。

（2）提高宏觀調控能力，做好應對人民幣國際化挑戰的準備。

（3）不斷完善多層次金融市場，提高市場流動性，便利非居民參與。

（4）積極推動區域經濟一體化進程。

本章小結

外匯的確切含義需要我們從兩個方面來理解：第一，動態意義上的外匯是指一國貨幣兌換成另一國貨幣，借以清償國際債權、債務關係的一種專門性的經營活動或行爲。第二，靜態意義上的外匯是指外幣以及以外幣表示的用以進行國際結算的支付手段。它包括存放在國外銀行的外幣存款、以外幣表示的支付憑證和有價證券。

外匯匯率又稱外匯匯價，是用一種貨幣表示的另一種貨幣的價格。外匯匯率有兩種基本的標價方法：一是直接標價法；二是間接標價法。二十世紀五六十年代以來，各國跨國銀行又普遍採用了美元標價法。

金本位制下，匯率由鑄幣平價或黃金平價決定，匯率在黃金輸送點上下波動，政府不需要干預外匯市場。紙幣制度下，外匯匯率不再具有黃金輸送點限制，波動是無止境的。紙幣制度下影響匯率變動的主要因素有國際收支差額、利率水平、通貨膨脹差異、財政和貨幣政策、市場預期、經濟實力以及重大的國際政治事件等。

匯率變化對貿易的一般影響變化為一國貨幣對外貶值後，有利於本國商品的出口，而一國貨幣對外升值後，不利於本國商品的出口。但這一影響要受到該國進出口商品彈性和時滯的限制。

匯率制度是一國貨幣當局對本國匯率形成和變動機制所做出的一系列安排或規定。一般可以把匯率制度分為固定匯率制度和浮動匯率制度兩種典型類型，它們各自利弊兼具。

固定匯率制度具有匯率穩定性特徵，有利於國際貿易和國際投資活動的開展，並且可以抑制國內通貨膨脹和避免匯率政策的濫用，但是要放棄自主貨幣政策，也容易輸入通貨膨脹，造成內外均衡的衝突。浮動匯率制度通過匯率自由浮動自動實現外部均衡，在保持貨幣政策獨立和通貨膨脹跨國傳播方面優勢明顯，但是容易導致匯率政策的濫用，使外匯市場過度動盪，不利於國際經濟交換。

人民幣匯率制度在1994年進行了重大的改革，確定了人民幣制度改革的目標和方向。2005年，人民幣匯率制度改革又邁出重大一步，人民幣匯率以漸進的方式向浮動匯率制度推進。

外匯風險是指由於匯率波動的不確定性和難以預測性，企業和個人在涉外活動中存在着因匯率波動而蒙受損失的可能性。外匯交易過程中，有一部分外匯頭寸處於暴露狀態，導致了外匯風險的產生。外匯暴露程度是確定的，而外匯風險程度是不確定的。

外匯風險種類眾多，主要有外匯交易風險、會計風險、經濟風險、外匯儲備風險等。

外匯風險的基本構成要素有本幣、外幣和時間，三者缺一不可。

外匯風險管理戰略主要有完全不彌補戰略、完全彌補戰略和混合型戰略三種。

交易風險的管理方法有合同條款選擇法、提前與推後收付法、配平管理法、外匯交易法、BSI法與LSI法、債務淨額支付法、外匯風險保險法等方法。

經濟風險的管理方法主要有調整性的戰略措施和分散化的戰略措施。

復習思考題

1. 什麼是外匯？外匯的基本特徵是什麼？
2. 匯率有哪些標價方法？我國採用何種標價方法？
3. 如何區分直接標價法和間接標價法中的買入價與賣出價。
4. 影響匯率變動的因素有哪些？

5. 試述匯率變動對經濟有哪些方面的影響。
6. 什麼是匯率制度？它有哪幾種基本類型？
7. 簡述外匯管理的方法。

實訓操作

1. 某銀行的匯率報價如下：
1USD（美元）= 1.443 0~1.444 0CHF（瑞士法郎）
（1）若詢價者買入美元，匯率如何？
（2）若詢價者賣出被報價貨幣，匯率如何？
（3）若詢價者買入報價幣，匯率又如何？
2. 某日，外匯市場上幾種主要貨幣的即期匯率如下：
USD（美元）/CHF（瑞士法郎）= 1.255 5/59
EUR（歐元）/USD（美元）= 1.328 1/86
（1）銀行根據顧客的要求賣出瑞士法郎、買入美元，匯率應如何計算（即銀行相應的報價）？
（2）顧客以瑞士法郎向銀行購買美元，匯率應如何計算？
（3）銀行應客戶詢價後的要求賣出美元、買入歐元的匯率應如何計算（即銀行相應的報價）？
（4）某客戶要求將100萬美元兌換成歐元，按現有即期匯率，客戶可得到多少歐元？
3. 查詢中國銀行網站（http://www.boc.cn）或其他商業銀行的官方網站，瞭解當前人民幣外匯牌價，並分別計算1 000元人民幣能兌換成多少美元、多少英鎊、多少日元。
4. 分組到國家外匯管理局網站（http://www.safe.gov.cn/）調研，瞭解我國現行外匯管理的措施及人民幣匯率制度的相關規定。
5. 使用同花順軟件查詢近期日元兌美元匯率和韓元兌美元匯率的變化狀況，並利用軟件提供的近期美國、日本和韓國的經濟狀況數據和市場信息，預測日元和韓元匯率的近期（1~3個月）變化趨勢。在此基礎上，給涉及該貨幣交易的外貿企業提出規避匯率風險的方法。

第四章　外匯交易

學習目標

- 瞭解外匯市場的含義、主體和世界主要的外匯市場
- 掌握即期外匯交易與遠期外匯交易的含義、報價和交易方式
- 理解掉期交易、套匯交易、套利交易、外匯期貨交易和外匯期權交易的原理和方法

專業術語

外匯市場　即期外匯市場　遠期外匯市場　升水　貼水　套匯　套利　外匯期貨
外匯期權　套期保值　看漲期權　看跌期權　美式期權　歐式期權

案例導入

2012年，歐元貶值給赴歐留學、旅遊、"掃貨"的中國人帶來了福音。

市民王先生剛從歐洲旅遊回來，此行買了一個普拉達的包讓他省了不少錢。"1 270歐元，折合人民幣9 000多元，國內要賣15 000元，省了不少錢呢。"王先生的算法是按照1歐元兌人民幣8元多算的，如果是2011年去歐洲，他就省不了這麼多錢。

記者查閱瞭解到，2012年的9月28日，歐元兌人民幣中間價為8.181 5元，而2011年的4月28日，歐元兌人民幣中間價為9.644 5元。和2011年相比，同樣花費1 270歐元，王先生省了1 858.01元。

王先生告訴記者，在巴黎春天的路易威登和普拉達專櫃，"可以說，排隊的90%以上是中國人，我買了一個路易威登包、一個普拉達包，光排隊就用了一個小時"。

蔣先生對此深有同感。他買了一款浪琴女表，按照1歐元兌人民幣8元多算，折合人民幣7 800元，比國內要便宜1/3。"很多人歐洲遊都是衝著購物去的，現在匯率低，購物很劃算，性價比提高了。"

據瞭解，2012年是歐元誕生的第10個年頭。2011年5月歐元開始了第三次貶值。從當時1歐元兌換9.64元人民幣到2012年7月25日跌至1歐元兌換7.647 3元人民幣，創下10年新低。

據蔣先生介紹，歐洲的商家也抓住了中國消費者的這種心理。巴黎春天甚至推出了"黃金週"促銷期，嬌韻詩、倩碧等大牌不但可以打九折，還設有專門的華人退稅區，退12%的稅。這個"黃金週"促銷期與中國國慶節的"不謀而合"，讓人不得不相信這是專為中國消費者設立的。

【啟示】 人民幣匯率越來越有彈性，企業和個人都必須學會利用外匯市場的外匯交易工具為自己的資產保值，規避和轉移匯率變動可能遭受的損失。

第一節　外匯交易概述

一、外匯交易的含義

外匯交易一般是通過外匯市場，以外匯銀行為中心，在各有關市場參與者之間進行的外匯買賣活動。

外匯交易已經歷了兩個發展階段：第一階段為傳統的外匯交易階段，主要有即期外匯交易、遠期外匯交易、掉期交易、套匯交易和套利交易；第二階段為創新的外匯交易階段，創新的外匯交易是在傳統的外匯交易的基礎上於20世紀70年代中期發展起來的，主要有外匯期貨交易、外匯期權交易、互換交易和遠期利率協議等。

二、外匯交易的目的

在當今國際金融市場和國際貿易領域中，外匯交易的目的也日益複雜多樣。其目的主要如下：

第一，滿足國際貿易結算的需要。
第二，滿足回避國際貿易結算中的匯率風險的需要。
第三，滿足國際投資的需要。
第四，滿足金融投機的需要。
第五，滿足中央銀行干預外匯市場的需要。

三、參與者

外匯交易的參與者主要包括外匯銀行、外匯經紀人、中央銀行和客戶四類。

1. 外匯銀行

外匯銀行（Foreign Exchange Bank）又稱外匯指定銀行（Appointed Bank, Authorized Bank），是指經本國中央銀行批準，可以經營外匯業務的商業銀行和其他金融機構。其類型主要如下：

（1）專營或兼營外匯業務的本國商業銀行。
（2）在本國經營的外國商業銀行分行。
（3）經營外匯業務的其他金融機構。

2. 外匯經紀人

外匯經紀人（Foreign Exchange Broker）是介於外匯銀行之間或外匯銀行與客戶之間，為交易雙方接洽外匯交易而收取傭金的中間商。其類型主要如下：

（1）外匯自營商，即以自由資金參與外匯交易的經紀人，其外匯交易中自負盈虧、自擔風險。

（2）跑街經紀人，即專門代替客户買賣外匯，只收取傭金，不承擔盈虧風險的經紀人。

3. 中央銀行

中央銀行（Central Bank）在外匯交易中是監管者、參與者、干預者。中央銀行參與外匯交易的根本目的不是為了商業利潤，而是為了維護外匯市場的匯價穩定，並執行本國的貨幣政策。中央銀行一般設有外匯平準基金或外匯平準帳户，這些資金帳户的資產構成一般都為一定數量的外幣、外匯和黄金。

4. 客户

客户（Client）是指處於交易、保值或投機性需要而參與外匯交易的機構和個人。其類型主要如下：

（1）需要進行外匯買賣的企業和公司，其交易金額大。
（2）需要進行外匯交易的居民個人，其交易金額小、筆數多。

四、外匯交易的場所——外匯市場

外匯市場（Foreign Exchange Market）是國際金融市場的重要組成部分，是指經營外匯業務的銀行、各種金融機構以及公司與個人進行外匯買賣和調劑外匯餘缺的交易場所。

（一）交易方式

1. 有形市場

有形市場又稱交易所市場，有固定的交易場所，即外匯交易所。例如，法國巴黎外匯市場、德國法蘭克福外匯市場、比利時布魯塞爾外匯市場屬於歐洲大陸式（有形）外匯市場。

2. 無形市場

無形市場又稱櫃臺市場，無一定的開盤和收盤時間，無具體交易場所。例如，英國外匯市場、美國外匯市場、加拿大外匯市場、瑞士外匯市場屬於英美式（無形）外匯市場。

（二）世界主要的外匯市場

1. 英國倫敦外匯市場

英國倫敦外匯市場是全球歷史最悠久、交易規模巨大的國際性外匯市場。倫敦作為歐洲貨幣市場的中心之一，擁有非常現代化的電子通信網路，倫敦外匯市場是一個無形市場。由於地理上的優勢，倫敦在交易時間上與亞洲和北美市場相連接並有部分重疊，方便不同地域的投資者進行交易。倫敦外匯市場的外匯交易量居世界首位，匯率報價採用間接標價法，交易貨幣種類衆多，最多達80多種，經常有30~40種。倫敦外匯市場交易處理速度很快，工作效率極高。

2. 美國紐約外匯市場

紐約外匯市場是美國規模最大的外匯交易市場，也是一個無形市場。紐約外匯市場交易活躍，但和進出口貿易相關的外匯交易量較小。紐約外匯市場是一個完全自由的外匯市場，這種寬鬆的金融制度有利於金融創新。

3. 德國法蘭克福外匯市場

法蘭克福外匯市場是歐洲中央銀行所在地，是世界第三大外匯交易市場。該外匯市場分爲定價市場和一般市場，交易的貨幣主要有美元、歐元、瑞士法郎、英鎊等。

4. 日本東京外匯市場

隨著日本推行金融自由化及政策國際化，在取消外匯管制的基礎上，東京外匯市場從過去的區域性外匯交易市場，發展成爲國際性外匯市場。在東京外匯市場上，銀行同業間的外匯交易可以通過外匯經紀人進行，也可以直接進行。日本國內的企業、個人進行外匯交易則必須通過外匯指定銀行進行。

5. 瑞士蘇黎世外匯市場

蘇黎世外匯市場主要由瑞士銀行、瑞士信貸銀行、瑞士聯合銀行、瑞士國家銀行、國外銀行及其分支機構、國際清算銀行以及國際金融業的其他各種銀行組成。其具有良好的組織和監管功能，也屬於無形市場。該外匯市場可進行現貨交易和期貨交易，同時也兼做套匯業務，採用直接標價法標價。美元在蘇黎世外匯市場上具有特殊的重要地位，這表明在市場上外匯買賣的對象不是瑞士法郎而大部分是美元，市場匯率也以美元兌瑞士法郎的匯率爲主要匯率，其他貨幣對瑞士法郎的匯率是通過在外匯市場上對美元的匯率套算出來的。

第二節　外匯交易基本類型

一、即期外匯交易

(一) 即期外匯交易概念

即期外匯交易（Spot Exchange Transaction）也稱現匯交易或現貨交易，是指買賣雙方在外匯成交後，在兩個營業日以內辦理交割（Delivery）的一種外匯交易。即期外匯交易是外匯市場最常見的、也是業務量最大的交易形式，是其他外匯交易的基礎。

例如，一家英國進口商從美國進口計算機，9月18日貨到後付款，在兩個營業日內（即9月20日前）按當時銀行外匯牌價完成交割，就是即期交易。

值得註意的是，所謂"營業日"，是指兩個清算國銀行都營業的工作日，而並非日歷上的自然日。如果恰逢其中任何一個清算國銀行的非營業日或節假日，營業日就順延。但是，如果順延之後，跨月到下一個月份，則必須提前至當月的最後一個營業日辦理交割。通常情況下，上述清算國是指外匯交易實際發生的兩國，即交易中的貨幣發行國，而發生該筆外匯交易的外匯市場所在國被稱爲交易國。例如，在東京外匯市場交易美元和英鎊，清算國是美國和英國，交易國是日本。

交割日又稱結算日或起息日，是指外匯買賣雙方錢貨兩清的時間。在即期外匯交易中，交割日根據不同的市場習慣而有不同的規定，主要包括以下三種：

（1）標準交割日（Value Spot or VAL SP）又稱即期交割或 T+2 交割，是指在成交後的第 2 個營業日交割。目前大部分的即期外匯交易都採用這種方式。

（2）次日交割（Value Tomorrow or VAL TOM）又稱 T+1 交割，是指在成交後的第 1 個營業日交割。

（3）當日交割（Value Today or VAL TOD）又稱 T+0 交割，是指在成交日當日進行交割。

（二）即期外匯交易的報價

即期外匯交易採取即期匯率，通常爲經辦外匯業務銀行的當日掛牌牌價，或者參考當地外匯市場主要貨幣之間的比價加一定比例的手續費。

即期外匯市場上的匯率通常採取雙向報價方式，即報價者同時報出買入價和賣出價，並將買入價和賣出價之間用橫線（或波浪線、斜線）隔開。銀行在經營外匯買賣業務時，採取的是"低買高賣"原則，銀行賣出外匯的價格叫賣出價，銀行買進外匯的價格叫買入價，賣出價高於買入價，其差價一般爲 1‰~5‰，這就是銀行的收益。

報價中各種貨幣的名稱通常用 3 個大寫字母的代碼表示，前兩個字母大都爲國家或地區名稱的縮寫，最後一個字母則爲該貨幣單位的首字母。前面第三章中介紹了常見的貨幣名稱，如 USD（美元）、GBP（英鎊）、EUR（歐元）、JPY（日元）、CAD（加拿大元）、CHF（瑞士法郎）、AUD（澳元）、HKD（港幣）等。

在一隊貨幣的報價中，總有一種貨幣是處於主要地位的，被稱爲基礎貨幣，也就是在貨幣對中單位始終爲標準單位（如 1 個單位或者 100 個單位）的貨幣。例如，EUR 相對於其他所有貨幣都是基礎貨幣，因此與 EUR 組成的貨幣對被記爲 EUR/USD、EUR/GBP、EUR/CHF、EUR/JPY 等，均把 EUR 放在首位。相對而言，這一對貨幣中的另一種貨幣則爲報價貨幣，通常寫在斜線（或者等號）的右邊。此外，外匯報價通常使用 5 位有效數字表示，從左往右的第 5 位數字 1 個單位的數字變化被稱爲 1 個（基本）點的變化，第 4 位數字 1 個單位的數字變化則被稱爲 10 個（基本）點的變化，以此類推。例如：歐元兌美元的報價可表示爲 EUR1＝USD1.223 0/1.224 0 或者 EUR1＝USD1.223 0~1.224 0 或者 1EUR/USD 1.223 0/1.224 0，它表示 1 歐元的買入價爲 1.223 0 美元，賣出價爲 1.224 0 美元，買賣差價爲 10 個點。此時，如果 1 歐元的買入價從 1.223 0 美元上漲爲 1.224 0 美元，我們就說歐元上升了 110 個點。有時銀行也會採取簡略的形式進行報價，在報價時只報出賣出價的最後兩位數字，而將其前面的幾位數字省略掉，如 EUR/USD 1.223 0/40；或者只報出買入價和買賣差價的點數，不報出賣出價，如 EUR/USD 1.223 0+10。

對於銀行報價，重要的是弄清楚買賣價的不同，不使買賣方向搞錯。例如，上述歐元兌美元的標價表示銀行願以 1.223 0 的匯價買進歐元，同時賣出美元；又以 1.224 0 的匯價賣出歐元，買進美元。這里的買和賣都是從銀行（或者報價者）的角度說的，而外匯交易人則是銀行的交易對手。因此，交易人要買入某種外匯時，應該用這種外匯的賣出價；而交易人要賣出某種外匯時，則應該用這種外匯的買入價。

[例 4-1] 日本某汽車廠出口汽車到美國後收回貨款 100 萬美元，如果按當日的外

匯牌價 1USD＝110.25-110.35JPY 將美元兌換成日元，該汽車廠可換得多少日元？

在［例4-1］中，汽車廠是賣美元，買日元；則銀行就是買美元，賣日元，使用買入價 110.25。因此，100 萬美元可換得 100×110.25＝11 025 萬日元。

［例4-2］2010 年 3 月 22 日，某銀行外匯牌價爲 1USD＝7.758 5-7.760 0HKD。中國香港某文具廠出口產品原報價爲 10 萬美元，現外商要求改用港幣報價，該出口商應如何報價？

在［例4-2］中，出口商原收外幣，現改收本幣，需要計算收回多少本幣才能換得原來的 10 萬美元，即需要出口商賣港幣，買美元；銀行就是買港幣，賣美元，使用賣出價 7.760 0。因此，港幣報價爲 10×7.760 0＝77.6 萬港幣。

(三) 即期匯率的折算

(1) 已知匯率爲中間價，匯率的折算方法是直接求原匯率的倒數。例如，已知 USD/HKD＝7.767 4，則 HKD/USD＝1/7.767 4＝0.128 7。

(2) 已知匯率分別爲買入價和賣出價，匯率的折算方法是分別將買入價和賣出價求倒數後，再將求得的結果左右位置互換，作爲折算匯率的賣出價和買入價。例如，已知 USD/HKD＝7.766 4-7.768 4，則 HKD/USD＝(1/7.768 4)-(1/7.766 4)＝0.128 7-0.128 8。

(四) 即期匯率的套算

(1) 已知匯率爲中間價，將兩組匯率直接相除即可。

［例4-3］已知 USD/HKD＝7.767 4，USD/CAD＝1.023 0。

則 CAD/HKD＝7.767 4/1.023 0＝7.592 8。

(2) 已知匯率分別爲買入價和賣出價，使用"交叉相除法"。

［例4-4］已知 USD/HKD＝7.766 4-7.768 4，USD/CAD＝1.022 2-1.023 8。

則 CAD/HKD＝(7.766 4/1.023 8)-(7.768 4/1.022 2)

＝7.585 9-7.599 7

(3) 已知匯率爲中間價，將兩組匯率直接相乘即可。

［例4-5］已知 USD/HKD＝7.767 4，EUR/USD＝1.502 0。

則 EUR/HKD＝7.767 4×1.502 0＝11.666 7。

(4) 已知匯率分別爲買入價和賣出價，使用"同邊相乘法"。

［例4-6］已知 USD/HKD＝7.766 4-7.768 4，EUR/USD＝1.501 0-1.503 0。

則 EUR/HKD＝(7.766 4×1.501 0)-(7.768 4×1.503 0)

＝11.657-11.676

二、遠期外匯交易

(一) 遠期外匯交易的概念

遠期外匯交易 (Forward Exchange Transaction) 又稱期匯交易，是外匯買賣成交後，於兩個營業日以外的預約時間再辦理交割的外匯業務。

(二) 遠期外匯交易的交割期限

遠期外匯交易的交割期限有長有短，常見的期限有 1 個月、2 個月、3 個月、6 個月，長的可達 1 年。交割期限是成交日和交割日之間的時間間隔。與即期外匯交易不同的是，遠期外匯交易的交割日在成交後的兩個營業日以後。對交割日的規定方法主要有以下兩種：

1. 固定交割日

固定交割日是指交易雙方商定某一確定的日期作爲外匯買賣履行的交割日，確定後的交割日既不能提前，也不能推遲。固定交割日的確定通常是以即期交割日加上交割期限。例如，6 月 10 日簽約的 3 個月遠期合約，則合約 9 月 10 日到期，遠期交易的交割日是在合約到期後的兩個交易日內；6 月 10 日簽約的 7 天遠期合約，交割日是 6 月 17 日後的兩個交易日內。與即期外匯交易一樣，交割日如果恰逢節假日，則順延到下一個營業日。此外，遠期交割日還有"雙底"的規定，這是指如果即期交割日爲當月的最後一個營業日，則遠期交割也是當月的最後一個營業日。

2. 非固定交割日

非固定交割日的遠期外匯交易也叫擇期外匯交易，擇期外匯交易賦予了外匯交易人更多的靈活性，買賣雙方都可被授權在規定期限內選擇交割日期。授權給買方的稱爲"買方選擇"，授權給賣方的稱爲"賣方選擇"，而且期限越長，授權方承擔的風險就越大，因此，擇期期限一般在一個半月以內。

(三) 遠期外匯交易的報價

1. 完整報價法（Outright Rate）

完整報價法是指直接報出遠期外匯的實際匯率，主要用於對一般客戶的報價（瑞士、日本等少數國家採用此種方法）。

[例 4-7] 紐約外匯市場：

Spot Rate：USD/JPY = 118.40/60

One Month Forward Rate：USD/JPY = 118.50/80

Six Months Forward Rate：USD/JPY = 119.23/73

2. 掉期率報價法（Swap Rate）

掉期率也稱匯水，是指外匯的遠期匯率與即期匯率的差額。

[例 4-8] 蘇黎世外匯市場：

Spot Rate：1USD = 1.238 1-1.240 5CHF（直標）

Three Months Margin：74-78（前小後大，爲升水）

(65-60)（前大後小，爲貼水）

Three Months Forward Rate：1USD = 1.245 5-1.248 3CHF

(1USD = 1.231 6-1.234 5CHF)

[例 4-9] 倫敦外匯市場：

Spot Rate：1GBP = 1.867 8-1.870 0USD（間標）

Three Months Margin：74-78（前小後大，爲貼水）

(65-60)（前大後小，爲升水）

Three Months Forward Rate：1GBP=1.875 2-1.878 8USD

（1GBP=1.861 3-1.864 0USD）

由此可見，無論在哪個外匯市場及是否判斷出哪種標價法，只要前小後大就用加法，前大後小就用減法。

（四）遠期匯率與利率的關係

1. 在其他條件不變的情況下，低利率貨幣遠期升水，高利率貨幣遠期貼水

[例4-10] 已知倫敦市場的年利率為8%，紐約市場的年利率為6%，利差為2%；倫敦市場的美元即期匯率為1GBP=1.950 0USD。

根據此匯率，英國A銀行若賣出即期美元19 500美元，應收入10 000英鎊。

A銀行若賣出3個月遠期美元19 500美元，如果未能同時補進3個月遠期美元，則A銀行需要動用自己的資金10 000英鎊。

A銀行需要按1GBP=1.950 0USD，購買即期美元19 500美元存放在紐約的銀行，以備3個月後向顧客交割。

由於兩地存在利差，該筆存款的利息損失為10 000×(8%-6%)×(3/12)=50英鎊。

因此，A銀行會將50英鎊的利息損失轉嫁給購買3個月遠期美元的顧客，即顧客要支付10 050英鎊才能買到3個月遠期美元19 500美元。

於是，A銀行向顧客賣出3個月遠期美元的匯率為19 500USD/10 050GBP=1.940 3。因此：

Spot Rate：1GBP=1.950 0USD

Three Months Forward Rate：1GBP=1.940 3USD

3個月遠期美元升水1.950 0-1.940 3=0.009 7美元。

由此可見，利率較低的貨幣遠期升水，利率較高的貨幣遠期貼水。

2. 遠期匯率匯水的具體數額，取決於兩種貨幣的利率差異

根據[例4-10]，可推導匯水公式如下：

匯水數=即期匯率×兩地利差×(月數/12)　　　　　　　　　　（公式4.1）

[例4-10]中，3個月遠期美元匯水數也可以通過公式4.1計算。

匯水數=1.950 0×2%×3/12=0.009 75

3. 遠期匯水的折年率取決於即期匯率與匯水數額

折年率是指外匯升水（或貼水）的年變化率，這個指標能夠直觀地反應出外匯的升水（或貼水）幅度。

遠期匯水的變化率=匯水數/即期匯率　　　　　　　　　　　　（公式4.2）

遠期匯水的折年率=遠期匯水變化率×(12/月數)

=（匯水數×12）/（即期匯率×月數）　　　　　（公式4.3）

由此可見，當遠期匯水的折年率>兩地利差時，表明低利率貨幣的升值幅度高於其利差損失或高利率貨幣的貶值幅度高於其利差收益，即低利率貨幣賺的多、虧的少，高利率貨幣賺的少、虧的多，於是投資者選擇低利率貨幣更劃算，應將貨幣存放在低利率國。

(五) 遠期外匯交易的應用

1. 防範或對衝外匯風險

採取方法：套期保值（Hedging），即交易一方通過遠期外匯交易，事先就確定將來收到或付出的一筆外匯的轉換價格，從而避免匯率風險的一種策略。

［例 4-11］某日本出口商向美國進口商出口價值 20 萬美元的商品，共花費成本 2 000 萬日元，約定 3 個月後付款。

雙方簽訂買賣合同時的即期匯率為 1USD = 120JPY，按此匯率，出口商收回的貨款可折算為 2 400 萬日元，扣除成本，出口商獲利 400 萬日元。

若 3 個月後，期匯匯率為 1USD = 110JPY，則少賺 200 萬日元。

若 3 個月後，期匯匯率為 1USD = 100JPY 以下，則出口商就會不賺反虧。

於是，日本出口商在面臨匯率波動帶來的壓力時，可在簽訂合同時，同時與銀行簽訂 3 個月遠期美元賣出合同，3 個月期匯匯率為 1USD = 115JPY，合同金額為 20 萬美元。

這樣，出口商在 3 個月後一收回貨款，就可以馬上履行遠期美元賣出合同，換得 2 300 萬日元，將換匯成本完全鎖定。

［例 4-12］香港某投資者對美國某銀行有 1 000 萬美元的債務，3 個月後到期。為防止美元匯率波動造成損失，該投資者可以購買金額為 1 000 萬美元的 3 個月美元期匯，遠期匯率為 1USD = 7.760 0HKD。

若沒採取套期保值，按 3 個月後即期匯率 1USD = 7.770 0HKD 換匯並償還債務，就得付出 7 770 萬港幣才能兌換 1 000 萬美元。但該投資者現已購買期匯，債務到期時只要付出 7 760 萬港幣就可以了。

2. 投機

外匯投機（Exchange Speculation）是指投機者通過買賣現匯或期匯，有意保持某種外匯的多頭或空頭，以期在匯率發生變動之後獲得收益。

在投機時，投機者並不需要繳納很多資金，可以以小博大。具體來講，投機又分為買空和賣空兩類。買空（Buy Long）是指預測某種外匯升值，在遠期市場買進該種貨幣，等到合約到期再在即期市場賣出該種貨幣；賣空（Sell Short）是指預測某種外匯貶值，在遠期外匯市場賣出該種貨幣，等到合約期滿，再在即期市場買進該種貨幣。買空和賣空交易都是利用賤買貴賣的原理牟取遠期市場與即期市場的匯差。當然，如果預測失誤，也會給交易者帶來損失。

［例 4-13］英鎊 3 個月遠期匯率為 GBP/USD = 1.678 0，投機商預測英鎊未來貶值，則賣出 100 萬英鎊，期限 3 個月。第二個月，英鎊貶值，則 GBP/USD = 1.478 0，買進 100 萬英鎊 1 個月遠期。

（註：兩筆交易交割日相同。）

交割日，買進 100 萬英鎊，付 147.80 萬美元；賣出 100 萬英鎊，收 167.80 萬美元，最終獲利 20 萬美元。

由此可見，投機交易的好處在於由於遠期外匯交易不用立即交割，因而投機者不用持有足額的現匯就可以進行交易。

三、掉期交易

(一) 掉期交易的概念

掉期交易（Swap Transaction）又稱調期交易或外匯換匯交易，是指將貨幣相同、金額相同、方向相反、交割期限不同的兩筆外匯交易結合起來進行，以牟取利潤或避免風險的外匯交易。

例如，先以 A 貨幣兌換成 B 貨幣，將來再以 B 貨幣換回 A 貨幣的交易，其實際上是即期交易和遠期交易的綜合運用。

(二) 掉期交易的目的

軋平不同期限的外匯頭寸，避免匯率風險，主要用於銀行同業之間的外匯交易。

(三) 掉期交易的特點

第一，買賣同時進行。

第二，買賣外匯的數額相同、幣種相同。

第三，交割期限不同。

(四) 掉期交易的種類

1. 按交割期限分類

(1) 即期對遠期的掉期交易（Spot-Forward Swaps），即買進或賣出一筆現匯的同時，賣出或買進一筆期匯的掉期交易。這是掉期交易中最常見的形式，遠期的交割期限大多為 1 個星期、1 個月、2 個月、3 個月、6 個月。

(2) 即期對即期的掉期交易（Spot-Spot Swaps），也稱一日掉期（One-Day Swap），即同時做兩筆金額相同、交割相差一天、交易方向相反的即期外匯交易。這種類型一般用於銀行同業之間的隔夜資金拆借，分為：隔夜交易（Over-Night，O/N），即一筆在交易日當日交割，另一筆在交易日後的第一個營業日交割；隔日交易（Tom-Next，T/N），即一筆在交易日後的第一個營業日交割，另一筆在交易日後的第二個營業日交割。

(3) 遠期對遠期的掉期交易（Forward-Forward Swaps），即對不同交割期限的期匯做貨幣和金額相同而方向相反的兩個交易，這種掉期偶爾使用。例如，某投資者在買進 100 萬 60 天遠期英鎊的同時，又賣出 100 萬 90 天遠期英鎊。

2. 按買賣性質分類

(1) 買/賣掉期交易，即買入某貨幣的即期，賣出某貨幣的遠期，或者買入某貨幣較短期限的遠期，賣出較長期限的遠期。

(2) 賣/買掉期交易，即賣出某貨幣的即期，買入某貨幣的遠期，或者賣出某貨幣較短期限的遠期，買入較長期限的遠期。

3. 按買賣對象分類

(1) 純粹的掉期交易，即兩筆期限不同的交易都是與同一個對手進行，即交易只涉及兩方。

（2）配合的掉期交易，即兩筆期限不同的交易分別與不同的對手進行，即交易涉及三個參加者。

（五）掉期交易的應用

1. 轉換貨幣種類以求保值

[例4-14] 某企業持有港幣，但需3個月後支付100萬美元，爲避免3個月後港幣貶值或美元升值，該企業可在即期外匯市場以港幣買進100萬美元，同時賣出100萬3個月遠期美元，收進港幣。

2. 將遠期外匯交易展期或提前到期

[例4-15] 德國某出口商與美國某進口商於某年3月20日簽訂貿易合同，定於同年6月20日收付270萬美元貸款。

爲防止匯率風險，德商同銀行簽訂3個月遠期美元賣出合同。但由於某種原因，德商要推遲1個月（7月20日）才能收進美元貸款。

爲鎖定交易成本，德商於6月20日在即期外匯市場以歐元買進美元，同時在遠期外匯市場又賣出1個月遠期美元，收進歐元。

這樣，德商通過掉期交易就達到將原來遠期外匯合同展期的目的。

3. 軋平貨幣的現金流量

[例4-16] 某銀行分別做了以下四筆外匯交易：

（1）買入即期美元200萬。

（2）賣出即期美元400萬。

（3）買入3個月遠期美元300萬。

（4）賣出3個月遠期美元100萬。

該銀行外匯頭寸在數量上已經軋平，但是資金流量的時間上存在明顯缺口。爲了規避資金缺口可能帶來的風險，可以承做一筆即期對遠期的掉期交易：買入200萬即期美元，賣出3個月遠期美元200萬，從而平衡資金流量。

4. 消除各種外匯交易產生的風險頭寸

[例4-17] 某銀行3個月遠期美元超買100萬，6個月遠期美元超賣100萬，銀行對多頭、空頭分別進行抵補，需要做多筆交易，交易成本較高，而如果承做一筆3個月對6個月的掉期交易，即賣出3個月遠期美元100萬，同時買入6個月遠期美元100萬，就能以一筆交易和較低費用實現抵補。

四、套匯交易

（一）套匯交易的概念

套匯交易（Arbitrage Transaction）是指套匯者利用同一貨幣在不同地點、不同交割期限存在的匯率差異，進行賤買貴賣以套取差價利潤的外匯交易。

套匯交易包括地點套匯（不同市場匯率差異）、時間套匯（不同交割期限，如掉期交易）和利息套匯（不同市場利率差異，如套利交易）。

(二) 套匯交易的種類

1. 直接套匯

直接套匯又稱兩角套匯或雙邊套匯，是指利用兩個外匯市場之間的匯率差異，在某一個外匯市場低價買進某種貨幣，而在另一個市場以高價出售該種貨幣的外匯交易方式。直接套匯是套匯的最簡單、最主要的形式，通常所說的套匯一般都是指直接套匯。

［例4-18］倫敦市場：GBP1=USD1.685 0/60

紐約市場：GBP1=USD1.688 0/90

在倫敦市場買英鎊：GBP1=USD1.686 0

在紐約市場賣英鎊：GBP1=USD1.688 0

獲利收入：GBP1=USD0.002

(1) 積極套匯：完全以賺取匯率差額為目的的套匯活動。

［例4-19］紐約市場：1USD=1.287 0-1.288 0CHF

蘇黎世市場：1USD=1.293 0-1.294 0CHF

根據"賤買貴賣"的原則：

首先，在蘇黎世市場套匯者賣出1美元，收進1.293 0瑞士法郎。

其次，同時在紐約市場買進1美元，支付1.288 0瑞士法郎。

最後，做1美元的套匯交易可賺取0.005 0瑞士法郎。

可見，套匯利潤須大於套匯費用，否則套匯無利可圖。

(2) 消極套匯：目的不是套匯，而是跨國公司在轉移資金時，順便利用匯率差異在一定程度上降低匯兌成本。

［例4-20］某投資者在紐約擁有一筆美元，因外匯投資的需要，需電匯100萬英鎊至倫敦，當天匯率為：

倫敦：1GBP=1.678 5USD

紐約：1GBP=1.676 5USD

要完成這筆投資，該投資者需要把紐約的美元資金轉換為倫敦的英鎊資金，其轉換途徑如下：

途徑一：先將美元從紐約電匯至倫敦，再在倫敦外匯市場將美元兌換成英鎊，換取100萬英鎊需167.85萬美元。

途徑二：先在紐約外匯市場將美元兌換英鎊，換取100萬英鎊需167.65萬美元，再將換得的100萬英鎊從紐約電匯至倫敦。

因此，應該選擇第二種途徑，節省下來0.2萬美元的成本。

支出也可看做該投資者的套匯獲利。

2. 間接套匯

間接套匯又稱多邊套匯，是指利用3個或3個以上外匯市場中3種或多種不同貨幣之間匯率的差異，同時在這些市場賤買貴賣有關貨幣，從中賺取外匯差額的一種套匯方法。

[例4-21] 紐約市場：USD1＝CHF1.615 0/60（間）

蘇黎世市場：GBP1＝CHF2.405 0/60（直）

倫敦市場：GBP1＝USD1.531 0/20（間）

假設套匯者爲紐約外匯市場上的某投資人，其持有的初始資金爲500萬美元，他能否利用這三地外匯市場從事間接套匯？如果可以，應如何操作？套匯收益爲多少？

步驟如下：

（1）統一標價法，判斷匯率是否存在差異：

1.615 0×1/2.406 0×1.531 0＝1.027 6

若匯率＝1，說明不存在匯率差異，套匯無利可獲。

若匯率＞1，說明存在匯率差異，可以進行套匯。

②尋找套匯路線：

若匯率＞1，可按此順序套匯：USD→CHF→GBP→USD（紐約—蘇黎世—倫敦）（順匯）。

若匯率＜1，可按此順序套匯：USD→GBP→CHF→USD（倫敦—蘇黎世—紐約）（逆匯，不可取）。

（3）計算套匯收益：

500×(1.027 6－1)/1×100%＝13.8（萬美元）

總結：套匯要選擇一個套匯週期，最終回到原幣種。

五、套利

（一）套利的概念

套利（Interest Arbitrage）是指投資者根據兩國市場利率的差異，將資金從利率較低的國家調往利率較高的國家，以賺取利差收益的一種行爲。

（二）套利與套匯的比較

共同點：都是利用不同市場上的貨幣價差，謀取利潤。

不同點：套匯者只在即期市場操作，短時間內即可實現利潤；套利交易較爲複雜，有即期交易、遠期交易，還涉及兩地的利息率。

例如，日元年利率爲1%，美元年利率爲6%，爲謀取利差收益，可將資金從日本調往美國。

根據是否對匯率風險進行抵補，可將套利分爲兩種：

1. 未抵補套利

未抵補套利（Uncovered Interest Arbitrage）又稱非抵補套利，是指套利者僅僅利用兩種不同貨幣的利差，將資金從利率低的貨幣市場轉向利率高的貨幣市場，而沒有採取保值措施的套利交易。

假設市場即期匯率爲USD1＝JPY109.90/00，一投資者準備將1.1億日元轉到美國進行爲期半年的投資。

半年後投資本利和＝110 000 000（日元）÷110×(1＋6%×6/12)＝1 030 000（美元）

（1）若半年後投資者兌換日元的匯率仍爲USD1＝JPY110。

1 030 000（美元）＝1 030 000×110＝113 300 000（日元）

若不套利,半年後日元的投資本利和＝110 000 000（日元）×(1＋1%×6/12)
　　　　　　　　　　　　　　　　＝110 550 000（日元）

套利獲利＝113 300 000－110 550 000＝2 750 000（日元）

（2）若半年後美元兌日元匯率爲USD1＝JPY106。

1 030 000（美元）＝1 030 000×106＝109 180 000（日元）

套利損失＝109 180 000－110 550 000＝－1 370 000（日元）

2. 抵補套利

抵補套利（Covered Interest Arbitrage）是指投資者在將資金從低利率國家調往高利率國家的同時,利用一些外匯交易手段對投資資金進行保值,以降低套利活動中的匯率風險。簡單來講,套利者在套利開始時,在即期外匯市場將低利率貨幣兌換成高利率貨幣,並將其調往高利率市場存放。同時,套利者與銀行簽訂一份與存款期限相同的遠期外匯合約。在存款期滿時,套利者再將高利率貨幣的本息按照遠期合約的交易價格兌換成低利率貨幣,並調回低利率市場。這樣,套利者在套利一開始就確定了未來的收益,完全不受匯率波動的影響。

假設美元兌日元的6個月期的遠期匯率爲108.00/50,投資者則可用遠期交易來進行抵補套利：

賣1.1億日元現匯可得＝110 000 000÷110＝1 000 000（美元）

在美國投資半年的本利和＝1 000 000×(1＋6%×6/12)＝1 030 000（美元）

賣103萬美元的期匯,到期可得＝1 030 000×108＝111 240 000（日元）

套利收益＝111 240 000－110 550 000＝690 000（日元）

可見：拋補套利是一種重要的投資和避險手段。它實際上是無拋補套利和掉期交易相結合的一種交易。它的好處在於套利者既可獲得利率差額,又可避免匯率波動的風險。

套利業務需要注意以下幾點：

第一,套利活動是以有關國家對貨幣的兌換和資金的轉移不加任何限制爲前提的。

第二,所謂國際金融市場上兩種貨幣的利差差異,是就同一性質或金融工具的名義利率而言,否則就不具有可比性。

第三,套利活動是國際貨幣市場利率和國際外匯市場匯率不均衡的產物,隨著套利活動的進行,市場上的利率與匯率之間的均衡關係又會重新得到恢復,使套利活動無利可圖。

第四,套利活動也涉及一些交易成本,考慮到套利交易的這些成本因素,市場不必等到利率差與掉期成本年率完全一致,套利活動就會停止。

第三節　外匯衍生金融產品

外匯衍生金融產品（Foreign Exchange Derivatives）是金融衍生產品的一種，是指從原生資產派生出來的外匯交易工具，其價值取決於一種或多種基礎資產或指數。

一、外匯遠期

外匯遠期合約（Forward Exchange Agreement，FXA）是一種交易雙方約定在未來某日或某日前以確定價格購買或出售一定數額的某種金融資產的合約。

外匯遠期合約的特點：由買方和賣方私下簽訂；可以根據雙方的需要而定制；交易費用低廉；雙方在合約中的利益要到交割日才能實現；合約利益的實現受交易對手的信用影響。

由於有一些國家或地區的貨幣是不能完全自由兌換的，因此一種新型的遠期合約便應運而生——不交收遠期合約（Non-Deliverable Forward，NDF）。NDF 與傳統的外匯遠期合約最大的區別在於，到期只交收遠期合約匯率與到期時即期匯率的差額，不用交割本金，結算是用可以自由兌換的貨幣完成，不需要使用不能自由兌換的貨幣。

例如，中國香港地區，2005 年 11 月，中銀香港、匯豐銀行、渣打銀行等 11 家銀行對普通投資者推出人民幣 NDF，合約到期以美元結算和交收，以吸引中國香港中小企業及個人投資者入市，進行人民幣匯率對沖或套利。合約最低面額為 10 000 美元，有 5 種期限供選擇——1 個月、2 個月、3 個月、6 個月以及 1 年。合約有兩種可供選擇：第一，如果認為人民幣未來匯率相對於合約協定的匯率將升值，可選擇買人民幣賣美元。第二，如果認為人民幣未來匯率相對於合約協定的匯率將貶值或持平，可選擇賣人民幣買美元。因為到期日只對盈虧進行結算，所以買賣人民幣 NDF 可以做保證金交易，只要交一定的保證金即可買入面額為保證金數倍的合約。

二、外匯期貨

(一) 外匯期貨的概念

外匯期貨交易（Foreign Exchange Future Transaction）也稱貨幣期貨，是指外匯交易雙方通過經紀人在期貨交易所內借助於買賣標準化的外匯期貨合約來進行的一種外匯交易。

對於外匯期貨的理解應註意：外匯期貨交易是集中在期貨交易所內來進行的；外匯交易者必須通過經紀人來進行外匯期貨交易；通過買賣標準化的外匯期貨合約來進行外匯交易。外匯期貨合約的標準化主要體現在交易幣種、合約面額、交割月份、交割日期等方面。

(二) 外匯期貨的特點

1. 標準化合約

期貨合約是標準化的遠期外匯交易合約，即將遠期外匯交易合同中的合同金額、合同到期日標準化後，以便於在期貨交易所進行交易。

2. 保證金制度

交易雙方均需通過經紀人向期貨清算所繳納一定數量的保證金。期貨交易在期貨交易所進行，交易者的履約對手爲期貨清算所。因此，交易者不承擔信用風險，需每天按市價進行現金結算，即調整其保證金帳戶餘額。

例如，交易者 A 某日購進一份英鎊期貨合同（金額爲 25 000 英鎊，協定價格爲 1 英鎊＝1.455 0 美元），在交易日當天的清算價若爲 1 英鎊＝1.460 0 美元，則該交易者當天的交易結果爲 (1.460 0－1.455 0)×25 000＝125 美元。該交易者當天盈利 125 美元，則其保證金帳戶餘額增加 125 美元。

3. 交割方式

期貨合約的履約方式可以採用對沖或實物交割方式，絕大部分是採用對沖方式，即在合同到期前做一筆相反的交易。未對沖的交易必須在到期月份進行集中的實物交割（如到期月份的第三個星期的星期三）。

4. 價格波動幅度限制

價格波動幅度限制即每日停板額限制，外匯期貨合約的每日價格波動限制用一定的點數來表示。國際貨幣市場對上市交易的六種主要外匯期貨，分別規定了每日價格波動限制，其中歐元爲 200 點，日元爲 150 點，英鎊爲 400 點，瑞士法郎爲 150 點，澳元爲 150 點，加拿大元爲 100 點。

5. 清算所制度

期貨交易都有固定的交易場所，交易所都設有清算所，外匯期貨交易每天由清算所結算盈虧，獲利可以提走，而虧損超過最低保證金時，應及時通知交易人補充或退出交易。遠期外匯交易可以在任何地點發生，通過電話或電傳即可完成。

(三) 外匯期貨的基本程序

1. 開戶

客戶慾進行外匯期貨交易，首先必須選定代理自己交易的經紀商，開設帳戶存入保證金。之後，客戶即可委託經紀商爲其辦理外匯期貨合約的買賣。

2. 委託

在每一筆交易之前客戶要向經紀商發出委託指令，說明客戶願意買入或賣出的外匯期貨、成交的價格、合約的種類和數量等，指令是以訂單的形式發出的。

3. 成交

經紀商接到客戶訂單後，便將此指令用電話或其他通信設備通知場內經紀人，由場內經紀人根據客戶指令在場內公開叫價，確定成交的數量和匯率。

4. 清算

交易成交後，場內經紀人一方面把交易結果通知經紀商和客戶，另一方面將成交的訂單交給清算所，進行記錄並最後結算。每個交易日末，清算所計算出每一個清算會員的外匯頭寸（買入與賣出的差額）。

5. 交割

外匯期貨交易具有雙向性，因此外匯期貨合約極少在到期日交割，通常通過對衝，利用一筆相反的交易進行平倉，買賣雙方只需要將盈虧差額結清。

(四) 外匯期貨的作用

1. 套期保值

套期保值又稱對衝，是指交易者目前或預期未來將有現貨頭寸，並暴露於匯率變動的風險之中，在期貨市場做一筆與現貨頭寸等量而買賣方向相反的交易，以補償對衝因匯率波動可能帶來的損失。一般來說，通過做套期保值可以達到兩個目的：第一，鎖定資金成本；第二，保護資金的收益。

2. 投機

投機性期貨交易是指那些沒有現貨交易基礎的交易者，根據自己對價格變動趨勢的預測，而進行的以牟取期貨價格差額爲目的，承擔風險的期貨交易。

投機者通過承擔價格風險，力圖以較小金額的保證金，從事數倍或數十倍於保證金金額的交易以賺取利潤。

具體操作：當投資者預測價格將會下降（上升）時，其會首先賣出（買入）期貨，即建立空頭（多頭）倉位，待期貨價格下降（上升）後再低價買入（高價賣出）期貨，從中獲取差額利潤。

三、外匯期權交易

(一) 外匯期權交易的概念

外匯期權交易（Foreign Exchange Option Transaction）是指外匯期權的買方在支付一定費用後，可以獲得是否在約定的時間內按照協定的匯率買進或賣出一定數量的某種外匯的權利。

對外匯期權的理解應註意：外匯期權買方買進的是一種權利；外匯期權買方須向外匯期權賣方支付一定的費用。

外匯期權交易在許多方面類似於外匯期貨交易。在交易所交易的外匯期權合約也是標準化合約，交易所事先確定合約的到期日、合約金額、交割地點、執行價格、保證金制度、交易時間等。例如，國際貨幣市場規定每份外匯期權合約的金額分別爲62 500 英鎊、125 000 瑞士法郎、12 500 000 日元、100 000 加拿大元。外匯期權的交割月份是每年的 3 月、6 月、9 月、12 月，到期日（即買方有權履約的最後一天）是交割月份中的第三個星期三之前的星期五，期權期滿時的資金結算日通常爲交割月份的第三個星期三。

與外匯期貨不同的是，外匯期權既可以通過場內交易，也可以通過場外交易。場內交易是在交易所交易大廳通過經紀人進行交易，並通過公開競價的方式決定合約價格。場內交易的內容是標準化的，合約的各項規定都是交易所制定的。在場內交易中，只有少數合約涉及最終交割。場外交易主要是客戶與銀行、銀行與銀行之間通過電話、電傳等通信設備，直接協商合約價格。合約完全由客戶根據其特殊需要協商決定，非常靈活，而且場外交易的多數合約都涉及最終交割。

(二) 外匯期權交易的特點

外匯期權交易的本質是一種權利的買賣，這使其與其他金融業務相比，具有以下獨特之處：

1. 權責不對等

在外匯期權合約中，買方擁有的是權利而不是責任，賣方擁有的是責任而不是權利。買方購買到的是一種選擇權，當執行價格與未來的市場匯率相比，對買方有利時，買方就執行合約，否則就放棄合約。而對期權交易賣方而言，其沒有任何選擇的餘地。

2. 買賣雙方損益不對等

買方的損失額度有限，不管匯率如何變動，期權買方的損失不會超過期權保險金，而賣方的損失可能無限大。

3. 期權費不能收回，並且費率不固定

期權費又稱權利金、保險費，它既構成了買方的成本，同時又是賣方承擔匯率變動風險所得到的補償。期權費一旦支付，無論買方是否執行合同，都不能收回。期權費的多少，視合同期限長短與匯率波動大小的影響而定。一般來說，匯率較穩定的貨幣收取的期權費比匯率波動大的貨幣少；期權合約的期限長，期權費越多，反之越少。

4. 外匯期權也有一定局限性

外匯期權最主要的局限性表現在期權合約是標準化的，每天隨市清算，因此在範圍上受限制。而且，由於其經營機構少、有效期限短、流動性差等缺點，外匯期權的交易量不大。

(三) 期權的種類

1. 按照行使期權的時間分類

(1) 歐式期權。期權的買方權力只能在期權到期日行使，即決定執行或不執行遠期合約。

(2) 美式期權。期權的買方可在期權到期日前的任何一天行使其期權，即期權的買方有權決定執行或不執行遠期合約，也可以決定何時執行交易合約。美式期權較歐式期權更為靈活，故其期權費水平高。

2. 按照購買者的買賣方向分類

(1) 買進期權。買進期權又稱看漲期權，簡稱買權，是指合約的購買方有權在合同期滿時或在到期前按協定匯率購進規定數額的外幣，也有權不買，任憑合約作廢。

(2) 賣出期權。賣出期權又稱看跌期權，簡稱賣權，是指合約購買方有權在合同期滿時或到期前按約定匯率賣出規定數額外幣，當然也有權不賣，以避免該種外幣匯率過度下跌造成的匯率損失。

[例4-22] 某交易者購買金額為10萬英鎊的3月份到期的英鎊買進期權（美式期權），期權費為2 000美元，協議價格為1英鎊=1.45美元。

若3月份之前，市場英鎊現匯價格高於協議價格，則期權的購買方肯定要求執行合約。執行合約的結果有以下兩種情況：

（1）使期權買方減少損失。

若市場現匯價格爲1英鎊=1.55美元，則買方行使期權，購進10萬英鎊，支付14.5萬美元；在現匯市場賣出10萬英鎊，收回15.5萬美元。

考慮到其爲購買期權而支付的期權費，其最終的交易結果：

15.5-14.5-0.2=-0.1（萬美元）

若不行使期權，期權的買方也支付了期權費，故其損失爲2 000美元。

（2）使期權買方獲利。

若市場現匯價格爲1英鎊=1.59美元，則買方行使期權，購進10萬英鎊，支付14.5萬美元；在現匯市場賣出10萬英鎊，收回15.9萬美元。

考慮到其爲購買期權而支付的期權費，其最終的交易結果：

15.9-14.5-0.2=0.2（萬美元）

由此可見，在看漲期權中，只要在期權有效期內市場價格高於協議價格，期權買方就會行使期權。相反，市場現匯價格低於合同中的協議價格，看漲期權的買方就會放棄行使期權。

其盈虧均衡點則是合同中的協議價格加單位期權費。

如上例，其盈虧均衡點爲1.45+0.02=1.47（美元）

市場英鎊現匯價格高於1.47美元，期權的買方就盈利，反之就虧損。

資料卡

　　看漲期權和看跌期權示意圖分別如圖4.1和圖4.2所示。

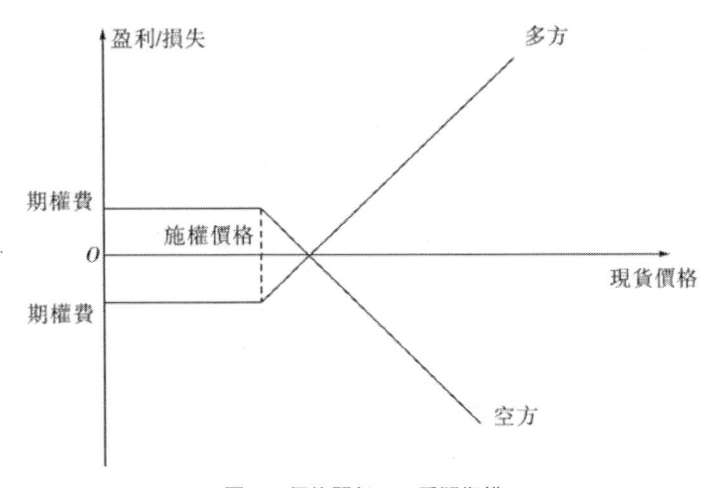

圖4.1 價格關係——看漲期權

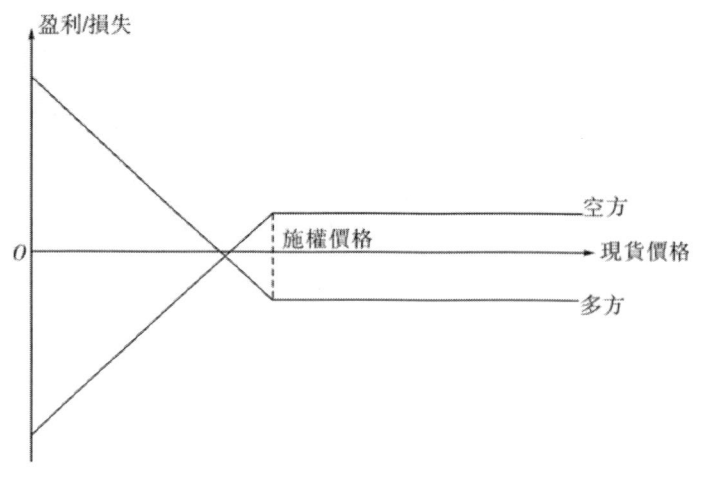

圖 4.2 價格關係——看跌期權

知識補充

期權的內在價值和時間價值

內在價值：馬上履行合同所產生的結果。它取決於當前市場的現匯價格與協議價格之間的差額。

買進期權：內在價值＝市場價格－協議價格

賣出期權：內在價值＝協議價格－市場價格

期權合約的內在價值可能為正，也可能為零或負。

平值期權：市場價格等於協議價格的期權。

實值期權：執行某一期權可以立即獲得一定的收益的期權。

虛值期權：執行某一期權可以立即帶來一定虧損的期權。

例如，一份協議價格為 1 英鎊＝1.45 美元的看漲期權合約，若當前市場的匯率為 1 英鎊＝1.46 美元，則合約的內在價值為 1.46 美元－1.45 美元＝0.01 美元，則這份期權為實值期權。

時間價值：在合同到期之前，交易資產的價格發生變化，預期產生的合同的價值。它等於期權費減期權合約的內在價值。

例如，一份協議價格為 1 英鎊＝1.45 美元的看漲期權合約，期權費為 0.03 美元。若當前市場的匯率為 1 英鎊＝1.46 美元，則合約的內在價值為 1.46 美元－1.45 美元＝0.01 美元；期權的時間價值為 0.03 美元－0.01 美元＝0.02 美元。值得注意的是，合約的時間價值是一個預期值，合約的價值等於內在價值與時間價值之和。

價格

行權價格（Exercise Price）：根據合約的規定，期權的買方執行交易的約定交割價格。

現貨價格（Spot Price）：交割商品在現貨市場上的價格。

期權費（期權價格，Option Premium）：期權的買方在訂立合約時向賣方支付的價格。

期權價值（Option Value）：期權本身的實際價值。

四、外匯互換

(一) 互換交易的概念

互換交易是指約定的兩個或兩個以上的當事人，以商定的條件，在約定的時間內，交換他們之間由資產或負債產生的現金流的流入和流出的合約。

(二) 互換交易有兩種基本形式

1. 貨幣互換

貨幣互換是指雙方按固定匯率在期初交換兩種不同貨幣的本金，然後按預先規定的日期，進行利息和本金的分期交換（如圖4.3、圖4.4所示）。

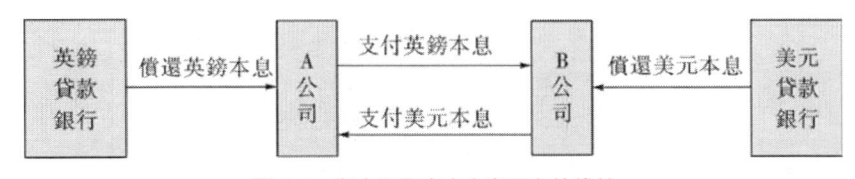

圖4.3 期初本金互換

圖4.4 期中和期末本金與利息的償付

貨幣互換交易可以避免匯率風險，賺取外匯溢價；可以在某種受限制的貨幣市場以外獲取該種貨幣的供應，避免債務幣種過於集中；可以降低借貸成本。但是，貨幣互換交易存在機會成本和信用風險。

2. 利率互換

利率互換是指兩個單獨的借款人從兩個不同的貸款機構借取了同等金額、同樣期限的同種貨幣貸款，雙方約定互為對方支付利息的金融交易。

例如，在市場上有兩家不同信用級別的公司，其籌資條件如表4.1所示。

表4.1　　　　　　　　　　籌資條件

	高信用等級公司	低信用等級公司	利差
固定利率	14%	17%	3%
浮動利率	6個月倫敦同業拆借利率(LIBOR，下同)+1%	6個月 LIBOR+2%	1%

由於高信用級別公司與低信用級別公司固定利率和浮動利率的借貸優勢有差別，故借助利率互換降低籌資成本是可能的。一般來講，高信用等級公司應在有較大優勢

的市場籌資，通過互換獲取較小優勢市場的借款。

若上述兩家公司商定由高信用等級公司籌借固定利率借款，成本為14%，並以支付6個月期LIBOR的浮動利率與低信用等級公司進行互換。經過互換，其結果如下：

高信用等級公司：支付浮動利率，成本為6個月期LIBOR，比其直接籌資成本降低1%。

低信用等級公司：實際籌資成本為14%+6個月期LIBOR+2%-6個月期LIBOR=16%（比其直接籌資成本，即17%降低1%，並且為固定利率）。

利率互換交易使交易雙方降低融資成本，避免匯率波動風險，可以調整現有利率結構，優化資產負債表，並且手續簡便。但是，利率互換交易存在機會成本和信用風險。

本章小結

外匯市場是指外匯交易主體進行貨幣兌換成外匯買賣的場所或系統，它是由外匯銀行、外匯經紀人、中央銀行和客戶構成的。

世界主要外匯市場有倫敦外匯市場、紐約外匯市場、新加坡外匯市場、東京外匯市場、香港外匯市場等。

外匯交易品種繁多，常見的包括即期外匯交易、遠期外匯交易、套匯交易、套利交易、掉期交易、外匯期貨交易、外匯期權交易。其中，期權、期貨與遠期交易概念相近，容易混淆，其區分如表4.2所示。

表4.2　　　　　　　　期權交易、期貨交易與遠期交易的比較

內容	遠期交易	期貨交易	期權交易
合約	非標準化	標準化	標準化
交易幣種	無限制	少數幾種國際貨幣	少數幾種國際貨幣
報價方法	按交易所需幣種報價	美元報價	美元報價
交易方式	電話、電傳	公開競價	公開競價
價格波動	無限制	無限制	有限制
交割日期	買賣雙方協定	標準化	美式期權可在到期日之前任何時間交割
保證金	是否交保證金由銀行決定	買賣雙方均交保證金	買方支付期權費，賣方交保證金
交易性質	買賣雙方都有履約義務	買賣雙方都有履約義務	買方有是否履約的權利，賣方有按買方要求履約的義務

復習思考題

1. 試列舉各主要貨幣的國際標準三字符代碼。
2. 即期外匯交易是如何報價的？
3. 什麼是遠期外匯報價？
4. 試舉例說明如何進行直接套匯。
5. 外匯期貨合約的主要內容是什麼？
6. 遠期外匯合約、外匯期貨及外匯期權有何區別？
7. 請畫出看漲期權、看跌期權的盈虧圖，並說明期權買賣雙方的損益情況。

實訓操作

到任何一家可以從事外匯交易的銀行瞭解我國目前即期外匯交易的外幣種類以及外匯兌換人民幣的相關規定。

第五章　國際金融市場

學習目標

- 掌握國際金融市場的含義
- 熟悉國際金融市場的分類方法
- 掌握國際資本市場的構成
- 掌握歐洲貨幣市場的含義與特點

專業術語

國際金融市場　國際貨幣市場　歐洲貨幣市場　國庫券

大額可轉讓定期存單　外國債券　歐洲債券　國際股票　歐洲股票

案例導入

"烏龍指"事件

金融市場中的"烏龍指"事件是指交易員、操盤手、股民等在交易的時候，不小心敲錯了價格、數量、買賣方向等事件的統稱。歷史上曾出現了多起"烏龍指"交易，這些"烏龍指"使得有人賺了大錢，也使得有人血本全無。

日本瑞穗證券"烏龍指"敲亂日本股市

2005年12月8日，日本瑞穗證券公司一經紀人在交易時出現重大操作失誤，引發投資者恐慌並導致證券類股票遭遇重挫，東京證券交易所陷入混亂。這個錯誤發生在當天上午開盤後不久。這名經紀人接到一客戶委託，要求以61萬日元（約合4.19萬元人民幣）的價格賣出1股J-Com公司的股票，但這名交易員把指令輸成了以每股1日元的價格賣出61萬股J-Com公司的股票。

等到瑞穗證券公司意識到這一錯誤，55萬股J-Com公司的股票的交易手續已經完成。為挽回錯誤，瑞穗證券公司發出大規模買入指令，這又帶動J-Com公司的股票出現快速上升，到當日收盤時該股票已漲到77.2萬日元（約合5.3萬元人民幣）。回購股票的行動使瑞穗證券公司蒙受了至少270億日元（約合18.5億元人民幣）的損失。

其他"烏龍指"事件

美國東部時間2010年5月6日下午2時47分，一名交易員在賣出股票時敲錯了一個字母，將"百萬"誤打成"十億"，導致道瓊斯指數突然出現千點暴跌。

2007年12月3日，南玻A發布關於股東買賣公司股票的公告，公司股東在減持公司股票過程中現"烏龍指"，但是該交易未產生收益。

2008 年 9 月 25 日，廣電運通公司股東梅州敬基金屬製品有限公司錯把"賣出"操作成"買入"，損失人民幣 23 770.8 元。

2007 年在大股東減持風流行的時候，重慶港九、鑫新股份、霞客環保、山東海龍、創興科技、華神集團、泰豪科技、佛塑股份等多家上市公司均出現過股東在大量拋售解禁股過程中又小額買入股票，後公告均稱是操作失誤。

光大證券"烏龍指"事件讓股市異常上漲

2013 年 8 月 16 日，光大證券公告稱公司自營業務系統出現問題，公司正在進行核查。光大證券發布公告稱公司策略投資部門自營業務在使用其獨立的套利系統時出現問題，公司正在進行相關核查和處置工作。公司其他經營活動保持正常。

【啟示】在瞬息萬變的國際金融市場上每時每刻都發生着故事，國際金融市場的各種交易活動直接反應世界經濟活動的變化，國際金融市場的運轉變化對世界經濟運行的影響日益顯著。

伴隨著經濟全球化、國際經濟一體化和現代通信技術的發展，國際資金流動的規模逐漸超過國際貿易額，從而形成了日趨龐大的國際金融市場。國際金融市場是全球黃金交易、外匯交易、證券交易和資金借貸等國際金融業務活動的場所，是國際金融體系的重要組成部分。國際金融市場的各種交易活動直接反應世界經濟活動的變化，國際金融市場的運轉變化對世界經濟運行的影響日益顯著。

第一節　國際金融市場概述

一、國際金融市場的形成與發展

（一）國際金融市場的形成途徑

1. 自然演進型

國際金融市場是由國內金融市場逐步發展起來的，這一類型市場的特點是都經歷了由地方性金融市場到全國性金融市場再到國際金融市場的三個階段。這一類型的市場主要集中在歐洲，以倫敦國際金融市場為主要代表。

2. 人工創造型

國際金融市場是依靠優越的地理位置和實行各種優惠政策人為建立起來的。新加坡國際金融市場是這一類市場的典範，新加坡已成為全球第四大金融中心，僅次於倫敦、紐約和東京。

（二）國際金融市場形成與發展過程

1. 傳統國際金融市場的形成

第一次世界大戰以前，英國的自由資本主義迅速發展，並不斷擴張海外殖民地。英國掌握了海上霸權，使得英國發展成世界最大的工業強國。同時，英國的政局較穩定，其中央銀行——英格蘭銀行於1694年正式成立，遍布世界各國和主要地區的銀行代理關係逐漸建立，銀行結算和信貸制度不斷完善。再加上英國掠奪和積累了巨額財富，與世界各國貿易聯繫廣泛，英鎊幣值穩定，英鎊成為當時世界上主要國際結算貨幣和儲備貨幣，倫敦也就成為世界最大的國際金融市場。

第二次世界大戰以後，英國經濟受到重創，倫敦國際金融市場的地位大大削弱，美元成為最重要的國際結算貨幣與儲備貨幣。大量的國際借貸和資本籌措集中在紐約，紐約成為世界最大的國際金融市場。西歐各國經濟遭受戰爭破壞的情況類似於英國，只有瑞士仍繼續保持瑞士法郎的自由兌換，同時自由外匯交易和黃金交易也相當活躍，從而加速了蘇黎世金融市場的發展。因此，倫敦、紐約、蘇黎世成為並立的世界三大國際金融市場。

2. 歐洲貨幣市場的形成與發展

二戰後，布雷頓森林體系的建立使美元成為主要的國際支付手段。1950年以後，美國國際收支持續出現巨額逆差，大量美元流往境外，形成了境外美元市場，即歐洲美元市場。逐漸地，歐洲的德國馬克、法國法郎、荷蘭盾以及其他境外貨幣也出現在了這一市場，從而使歐洲美元市場發展為歐洲貨幣市場。

歐洲貨幣市場的出現，體現了信貸交易的國際化趨勢，為國際金融中心的分散創造了有利且重要的前提條件。國際金融市場從傳統的國際金融中心迅速擴散到巴黎、法蘭克福、盧森堡、新加坡、中國香港等地區，而且像巴哈馬、開曼群島和中東的巴林等一些原來在國際金融市場上並不重要的地區，因為金融管制較鬆、低稅收等優惠政策而相繼成為具有一定重要性的離岸金融中心。

3. 新興國際金融市場的興起

20世紀80年代以後，新興工業國家經濟迅速發展。西方主要國家或地區普遍掀起了以放鬆金融管制為主要內容的金融自由化和金融全球化的改革浪潮。新興國際金融市場主要分布於墨西哥、阿根廷、巴西、新加坡、韓國等國家以及臺灣、中國香港等地區。

(三) 國際金融市場的形成條件

國際金融市場的形成，必須具備以下主要條件：

(1) 市場所在地國家有穩定的政治經濟環境。

(2) 金融制度完善，信用制度發達，管理制度健全，銀行和金融機構集中，擁有較發達的國內金融市場。

(3) 具有良好、寬鬆的金融環境，實行自由外匯制度，沒有或很少有外匯管制以及其他金融限制（如存款準備金、利率、信貸活動、存款保險等），非居民從事金融活動不受限制並能和居民享有同等的待遇。

(4) 地理位置得天獨厚，國際交通十分便利，擁有現代化的國際通信系統和完善的金融服務設施。

(5) 具有高級金融專業知識和銀行實務經驗的高水平專業人才，提供高質、高效服務。

二、國際金融市場的含義

國際金融市場是指在國際範圍內，進行資金融通、證券買賣以及有關金融業務活動的場所。國際金融市場由經營國際貨幣信用業務活動的一切金融機構組成，是國際金融領域內各種金融商品交易市場的總和。

當金融市場上的資金借貸關係或金融關係和場所是發生在本國居民之間，不涉及任何其他國家居民，而且實現這種關係的場所也處在本國境內就是國內金融市場；當金融市場上的資金借貸關係或金融關係涉及本國與他國之間、居民與非居民之間或非居民與非居民之間，或者實現這種關係的場所是在一國（貨幣發行國）國境之外（如離岸金融市場）就是國際金融市場。

廣義的國際金融市場是指具有國際金融業務活動的關係的總和，包括貨幣市場、資本市場、外匯市場、黃金市場、金融衍生工具市場。

狹義的國際金融市場是指國際資金借貸或融通關係的總和，即國際資金市場。其按資金借貸的期限不同分爲短期資金市場（貨幣市場）和長期資金市場（資本市場）。

三、國際金融市場的類型

（一）傳統的國際金融市場

傳統的國際金融市場是從事市場所在國貨幣的國際借貸，並受市場所在國政府政策與法令管轄的金融市場。這種類型的國際金融市場經歷了由地方性金融市場到全國性金融市場，最後發展爲世界性金融市場的發展過程。它由一國的金融中心發展爲世界性金融市場是以其市場所在國強大的工商業、對外貿易與對外信貸等經濟實力爲基礎的。例如，倫敦、紐約、巴黎、東京、法蘭克福、米蘭等都屬於這類國際金融市場。

傳統的國際金融市場又稱在岸金融市場（Onshore Financial Market），其主要特點如下：

（1）其以市場所在國發行的貨幣爲交易對象。

（2）交易活動一般是在市場所在國居民與非居民之間進行。

（3）該市場要受到市場所在國法律和金融條例的管理和制約，各種限制較多，借貸成本較高。

（二）新型的國際金融市場

新型的國際金融市場指二戰後形成的歐洲貨幣市場，又稱離岸金融市場（External Financial Market），是在傳統的金融市場基礎上形成的。新型的國際金融市場具有如下特徵：

（1）其以市場所在國以外國家的貨幣即境外貨幣爲主要交易對象。

（2）交易活動一般在市場所在國的非居民與非居民之間進行，即交易關係是外國貸款人和外國借款人之間的關係。

（3）資金融通業務基本不受市場所在國及其他國家法律、法規和稅收制度的管轄。

值得注意的是，歐洲貨幣市場分布於全世界，"歐洲"不是地理意義上的歐洲，而被賦予了經濟上的意義，是"境外"和"貨幣發行國管轄之外"的意思。歐洲貨幣市場的出現，標誌著國際金融市場的發展進入了新階段，並逐漸成為當今世界金融市場的核心。

四、國際金融市場的特點

（一）市場主體的廣泛性

國際金融市場的活動領域超越國界，其借貸關係涉及境外居民或國外居民，在居民與非居民、非居民與非居民之間發生借貸關係。

（二）金融管制放鬆

國內金融市場必須受到貨幣當局的直接干預，而國際金融市場受到所在國的干預較少，交易活動受所在國法律制度的約束力較少。尤其是新興的離岸金融市場，幾乎不受任何國家法律的約束。

（三）全球市場一體化

按時區排列，倫敦—紐約—香港—倫敦，形成了一個日夜不停的全球性金融市場。

（四）信用風險大

銀行吸收短期資金發放長期貸款，資金的來源與運用期限結構不對稱，中長期貸款先貸款然後借入，貸放金額大，並且大多是信用貸款，缺乏抵押保證。借款人把借到的資金連續轉手，銀行對實際用款人的情況難以把握。

（五）影響波及範圍廣

某一市場上出現的任何波動，都會迅速地在其他各個市場上反應出來，帶來巨大的衝擊和影響，從而導致一個國家的經濟危機激化，使貨幣當局的政策難以產生預期的效果。

五、國際金融市場的構成

（一）貨幣市場

貨幣市場是經營期限在一年或一年以內的借貸資本市場。國際貨幣市場的主要業務包括銀行短期信貸、短期證券、票據貼現。一般來說，國際貨幣市場的中介機構包括商業銀行、票據承兌行、貼現行、證券交易商和證券經紀人。

1. 銀行短期信貸市場

銀行短期信貸市場主要包括銀行對外國企業的信貸和銀行同業拆放市場。前者主要解決流動資金的需要，後者主要平衡銀行在一定時期內的資金餘缺。

2. 貼現市場

貼現市場是經營貼現業務的短期資金市場。貼現是銀行購買未到期票據業務，銀行根據票面金額扣除自貼現日到票據到期日期間的利息，而給予票據持有者資金融通的一種業務。貼現的票據主要有國庫券、銀行債券、公司債券、銀行承兌票據和商業承兌票據。貼現率一般高於銀行利率。貼現行或從事貼現的銀行可以用經貼現後的票據向中央銀行要求再貼現。中央銀行利用這種再貼現業務來調節信用，調節利率，進而調節宏觀金融。

3. 短期證券市場

短期票據市場是進行短期證券交易的場所。其主要交易對象如下：

（1）國庫券。國庫券是指一國政府為滿足季節性財政需要而發行的短期政府債券。國庫券是美國證券市場上信用最好、流動性最強、交易量最大的交易手段，期限一般為 3 個月或 6 個月。國庫券通常以票面金額打折的方式和拍賣的方式推銷。

（2）商業票據。商業票據是指一些大工商企業和銀行控股公司為籌措短期資金，憑信用發行的、有固定到期日（以 270 天居多）的短期借款票據。

（3）銀行承兌匯票。銀行承兌匯票主要是出口商簽發的，經銀行背書承兌保證到期付款的匯票。這種匯票期限一般為 30~180 天，90 天居多，面值無限制。

（4）可轉讓的銀行定期存款單。可轉讓的銀行定期存款單（Certificate of Deposit, CD）是商業銀行和金融公司為吸收大額定期存款而發給存款者的存款單。存款單不記名並可在市場上自由出售，存款單利率與倫敦銀行同業拆放利率（LIBOR）大致相同。因此，投資於存款單，既可獲定期存款利息，又可隨時轉讓變為現金，深受投資者歡迎。

（二）資本市場

資本市場是經營期限在一年以上的中長期信貸市場。市場參與者主要有銀行、公司、證券商及政府機構。資本市場的主要業務有銀行中長期貸款和證券交易。

1. 銀行中長期借貸市場

這一市場主要是政府機構（包括國際經濟組織）和跨國銀行向企業提供中長期資金融通，用於滿足後者固定資本投資的資金需要。政府貸款一般是一種約束性貸款，期限長、利率低、往往附有一定的條件。

2. 證券市場

證券市場是以有價證券為經營、交易對象的市場。證券市場通過證券的發行與交易，來實現國際資本的借貸或投資。證券市場分為發行市場和交易市場。

證券發行市場是新證券發行市場，也稱一級市場或初級市場。工商企業、銀行、金融機構或政府通過發行市場，將證券銷售給投資者，以達到籌集資金的目的。

證券交易市場是已發行證券的流通市場，包括證券交易所和場外交易市場。交易所內買賣的證券是上市證券，場外交易市場買賣的多為不上市的證券，由證券商在其營業所自營或代客買賣。

（三）國際外匯市場

國際外匯市場是進行國際性貨幣兌換和外匯買賣的場所或交易網路，是國際金融市場的核心之一。現代電子通信技術的廣泛應用使得世界各外匯市場的交易都可以通過電傳、電報、計算機網路進行。國際外匯市場的交易主要發生在銀行之間，因此國際外匯市場實際上主要是銀行之間的貨幣買賣市場。通過電子手段，全世界各個時區的外匯市場 24 小時不間斷地運作，緊密地聯繫在一起。

(四) 國際黃金市場

國際黃金市場是世界各國集中進行黃金交易的場所，既是國家調節國際儲備資產的重要手段，也是居民調整個人財富儲藏形式的一種方式。國際黃金市場分為實物黃金市場和期貨期權市場兩個部分，兩個市場通過套利活動緊密聯繫在一起，期貨期權的價格歸根到底是由實物黃金市場上供求關係的變化決定的。目前世界上有五大國際黃金市場，即倫敦國際黃金市場、蘇黎世國際黃金市場、紐約國際黃金市場、芝加哥國際黃金市場和中國香港國際黃金市場，其市場價格的形成及交易量的變化對世界上其他市場有很大影響。

(五) 金融衍生工具市場

金融衍生工具是一種交易者轉嫁風險的雙邊合約，其價值取決於基礎市場工具或資產的價格及其變化。金融衍生工具市場主要有金融遠期合約市場、期貨市場、期權市場、互換市場等。

六、國際金融市場的作用

(一) 國際金融市場的積極作用

1. 調節各國的國際收支

有國際收支順差的國家，將其外匯資金盈餘投放於國際金融市場；而有國際收支逆差的國家，則越來越依賴國際金融市場的貸款彌補國際收支逆差。

2. 促進世界經濟全球化大發展

國際金融市場為各國經濟發展融通資金，為資本短缺國家利用外資擴大生產規模提供了便利，促進了經濟國際化的發展，促進了金融業的國際化發展。

(二) 國際金融市場的消極作用

國際金融市場導致國際資本在國際上充分流動，使當前國際資本流動達到了空前規模，但也帶來了負面效果。大量國際資本同時流向一個國家時，必然導致流入國貨幣供應量增加，引發通貨膨脹，衝擊該國貨幣政策的執行效果，甚至會加劇國際金融市場的動盪不安。

第二節 歐洲貨幣市場

第二次世界大戰後，科學技術的發展大大促進了全球的生產國際化和資本國際化。傳統的國際金融市場已經不能適應這種國際化的趨勢，因此一個不受各國金融法規管制、資金規模巨大的新型國際金融市場應運而生，即歐洲貨幣市場。

一、歐洲貨幣市場的含義

歐洲貨幣又稱境外貨幣，是在貨幣發行國境外流動的貨幣。最早出現的歐洲貨幣是歐洲美元，以後逐漸出現了歐洲英鎊、歐洲日元等。

歐洲貨幣市場也稱離岸金融市場，是指能夠交易各種境外貨幣，既不受貨幣發行國政府法令管制，又不受市場所在國政府法令管制的金融市場。若一個國際借款人在紐約市場借美元，這是紐約美元市場業務，屬於傳統的國際金融市場業務。若其在美國境外市場上的有關銀行借美元（這就是境外美元），就構成歐洲貨幣市場（歐洲美元市場）業務了。

歐洲貨幣市場是當代國際金融市場的核心，其中最爲重要的中心是倫敦，還有紐約、東京、法蘭克福、香港等。

理解歐洲貨幣市場的含義需要注意以下幾點：

第一，所謂歐洲貨幣，是指貨幣發行國境外流通的貨幣。歐洲貨幣並非指一種專門的地理概念上歐洲的貨幣，而是泛指所有在發行國之外進行借貸的境外貨幣。如在美國境外作爲借貸對象的美元即爲歐洲美元，在日本境外作爲借貸對象的日元即爲歐洲日元。

第二，歐洲貨幣市場並不限於歐洲各金融中心。歐洲貨幣市場起源於歐洲，以倫敦爲中心，現在已逐漸向亞洲、北美洲和拉丁美洲等地區擴散。1981年，美國政府批准"國際銀行業務設施"法案正式生效，允許美國銀行在本國境內從事歐洲貨幣業務，紐約便成爲美國境內第一個歐洲貨幣市場。因此，歐洲貨幣市場已經突破歐洲的地理概念，而泛指世界各地的離岸金融市場。

第三，歐洲貨幣市場並不限於貨幣市場業務，還經營中長期信貸業務和歐洲債券業務。

二、歐洲貨幣市場的形成和發展的原因

二戰後，新技術革命的出現推動了世界生產和資本的國際化，而生產和資本的國際化又促進了金融市場的國際化，這是歐洲貨幣市場產生和發展的根本原因。

歐洲貨幣市場的形成歸結起來主要有以下幾點原因：

（一）美國的金融管制政策

20世紀60年代，美國爲了扭轉日益惡化的國際收支狀況，一直推行節制資本外流的政策，如"利息平衡稅"《自願限制對外指導方針》《國外直接投資法規》"Q條例"等政策的實施，迫使越來越多的美國及外國的跨國公司在籌資時，依賴於歐洲貨幣市場。美國銀行爲了不失去在國際信貸業務中獲利的機會，也在國外建立大量的分支機構，爲大部分國際金融業務從美國轉移到境外起到了促進作用。

（二）德國、瑞士等國家的倒收利息政策

1958年後，當時的德國馬克、瑞士法郎一直趨硬，一些外國人紛紛將本幣換成德馬克或瑞士法郎存於德國或瑞士，這樣加劇了德國和瑞士的通貨膨脹。爲此，德國、

瑞士貨幣當局對非居民的本幣存款，採取倒收利息政策，減緩本國通貨膨脹的壓力。這種政策使非居民將所持德國馬克或瑞士法郎從德國或瑞士抽走，轉存於倫敦或盧森堡，這不僅可以避免因德國、瑞士貨幣當局倒收利息而受到的損失，同時一樣可以獲得該貨幣升值的利益。大量德國馬克、瑞士法郎存於其國境以外，這是歐洲貨幣市場集結大量歐洲貨幣的一個重要原因。

（三）美國對境外美元的存在採取放縱的態度

境外美元的出現是逃避美國金融政策法令的一個結果，但美國當局對此又採取了縱容的態度。二戰後直到1971年8月15日以前，美國對外國政府或中央銀行承擔美元紙幣兌換成黃金的義務。大量美元在美國境外輾轉借貸存儲，無須換成外幣，這就減少了流入外國中央銀行或政府的可能性，從而減輕了美國政府兌換黃金的壓力，對美國減少黃金儲備有緩衝作用，並為美國轉嫁其通貨膨脹開闢了新途徑。

（四）西歐國家的外匯管制放鬆

從20世紀50年代以來，美國的長期國際收支逆差使西歐國家增加了大量的美元外匯儲備。西歐國家外匯管制的放鬆、實現貨幣的自由兌換、資金可以自由流動，為儲存各國的境外美元和其他境外貨幣的自由流通創造了必不可少的條件。

三、歐洲貨幣市場的特點

歐洲貨幣市場是一種完全國際化的金融市場，由於其經營的是境外貨幣，其有如下特點：

（一）管制放鬆

歐洲貨幣市場是一種超國家或無國籍的資金市場，作為離岸金融市場，歐洲貨幣市場既不受市場所在國法律法規的管制，也不受交易貨幣發行國金融條例的約束。

（二）存貸款利差低於傳統國際金融市場

歐洲貨幣市場有獨特的利率結構，其利率體系的基礎是倫敦銀行間同業拆放利率。由於歐洲銀行不用繳納存款準備金，並且不受存款利率上限的限制，所以存款利率略高於貨幣發行國國內存款利率，貸款利率略低於貨幣發行國國內貸款利率。存貸款利差一般是0.25%~0.5%，甚至有時低於0.125%，大大低於傳統市場。因此，歐洲貨幣市場的存貸業務更具有競爭力。

（三）幣種選擇自由，資金調撥方便

歐洲貨幣市場上交易的貨幣是境外貨幣，幣種較多，大部分都是可完全自由兌換的貨幣，並且以銀行間交易為主，銀行同業間的資金拆借占比很大。歐洲貨幣市場是一個貨幣批發市場，每筆交易數額很大，少則數萬美元，多則數億美元。對於銀行來說，由於貸款的數量非常大，所以利潤相當可觀；對於客戶來說，由於融資成本較低，所以便於籌集資金。歐洲貨幣市場銀行機構林立，業務經營豐富，融資類型多樣，通信發達，銀行網路遍布世界各地，資金調撥非常方便。

(四) 稅費負擔少

歐洲貨幣市場稅負較輕，銀行機構各種服務費平均較低，從而降低融資者的成本負擔。

(五) 國際金融的脆弱性和風險性明顯加大

金融創新使金融業務操作便利、速度快捷、交割靈活、成交額大，從而對投機產生了巨大的誘惑力。衍生工具具有以小博大的高槓桿效率，蘊藏著巨大的潛在風險。目前國際金融監管體制還比較落後，銀行業務的表外化更增添了其監管的難度，因此金融衍生工具一旦過度使用，就會帶來巨大的風險，甚至成爲金融災難的策源地。

四、歐洲貨幣市場的類型

歐洲貨幣市場按其境內業務與境外業務的關係可分爲以下三種類型：

(一) 一體型

一體型，即境內金融市場與境外金融市場的業務融爲一體。離岸資金可隨時轉換爲在岸資金和國內資金，而在岸資金可隨時轉換爲離岸資金。在岸業務和離岸業務之間沒有嚴格的分界。倫敦市場和中國香港市場即屬於此類型。

(二) 分離型

分離型，即境內業務與境外業務分開，居民的存貸業務與非居民的存貸業務分開。分離型的市場有助於隔絕國際金融市場資金流動對本國貨幣存量和宏觀經濟的影響。日本東京的海外特別帳戶和新加坡的亞洲貨幣帳戶均屬於此類型。

(三) 走帳型或簿記型

走帳型或簿記型市場沒有或幾乎沒有實際的業務交易，而只是起著其他市場資金交易的記帳和劃帳的作用，目的是逃避稅收和管制。

五、歐洲貨幣市場的參與者

(一) 商業銀行

商業銀行是歐洲貨幣市場的中樞神經。它們既是借款者又是貸款者，把吸取的巨額存款轉貸給歐洲銀行；它們通過在國外市場上籌集和運用資金，把歐洲貨幣與各國國內金融市場連爲一體。同時，歐洲貨幣市場上發達的銀行同業拆借市場也爲各國銀行調整流動性資金提供了方便。

(二) 公司

歐洲貨幣產生之初，能夠借入歐洲貨幣的公司僅限於那些名氣、規模和信譽一流的公司。近幾年來，由於歐洲貨幣市場上的可貸資金增加以及對國外企業提供的貸款大多由外國銀行擔保，因此大量不知名的企業也躋身於歐洲貨幣市場。

(三) 政府

政府部門也是歐洲貨幣市場的重要借款者，其借款目的主要是基礎設施建設和彌補國際收支逆差。

(四) 國際性組織

世界銀行及其附屬機構、各種區域性開發銀行以及歐盟的有關機構也是歐洲貨幣市場上的參與者。

(五) 個人

雖然個人投資者在歐洲貨幣市場上參與較少，但一些富有的投資者仍發揮着重要作用。近年來，由於歐洲貨幣市場上的金融工具品種增多了，靈活性也增強了，個人投資於歐洲商業票據和倫敦美元可轉讓定期存單等的積極性也有了很大提高。

六、歐洲貨幣市場的業務

參與歐洲貨幣市場業務經營的主要有各國的工商企業和跨國公司、各國商業銀行及其境外分支機構、跨國銀行和國際銀行、各國中央銀行和外匯投機者。其中，各國工商企業和跨國公司是歐洲貨幣市場最基本的資金供求者。

(一) 資金來源

歐洲貨幣市場的資金來源由各種形式的存款組成。

1. 定期存款

定期存款的利息率是固定的，期限通常很短，歐洲銀行存款中大約70%的存款期限短於3個月。20世紀70年代後，浮動利率的定期存款出現，每3個月或6個月根據市場利率做調整。

2. 可轉讓歐洲貨幣存單

可轉讓歐洲貨幣存單是銀行發行的標明金額、期限、利率的存款憑證，可在未到期前在二級市場進行轉讓。歐洲美元存單是1966年由美國第一花旗銀行在倫敦發行的。

3. 浮動利率存款

這種存款或票據在保證一個最低限度的利率水平的基礎上進行市場利率浮動。這對擔心市場利率上漲而受損失的存款者有較大吸引力。

(二) 資金運用

1. 歐洲信貸市場

(1) 短期信貸市場。歐洲短期信貸業務根據對信貸的需求主要分為兩類：一類是銀行與非銀行客戶（如跨國公司、工商企業）之間的信貸，稱為歐洲商業信貸；另一類是銀行與銀行之間的信貸，稱為銀行間同業拆借。歐洲同業拆借交易起點較高，一般為10萬美元。通常金額在500萬~1 000萬美元之間，有時還能達到5 000萬美元。歐洲同業拆借交易期限較短，多數為1~7天，3個月、6個月或1年的拆借安排非常少見。

(2) 中長期信貸市場。中長期信貸有兩類：一類是貸款數量較小、單個銀行就能承擔的貸款，稱為獨家貸款；另一類是貸款金額大、期限長的貸款，單獨一家銀行無法提供，於是由多家銀行組成的銀行團來共同承擔，這類貸款稱爲銀團貸款。歐洲貨幣市場的商業銀行中長期貸款主要是銀團貸款。按照貸款銀團組織形式的不同，銀團貸款主要有辛迪加貸款和聯合貸放兩種形式。辛迪加貸款是指一般由一家銀行牽頭，與本國或其他幾國的數家甚至是數十家銀行，按照嚴格的法律程序組成的貸款銀團發放的貸款。聯合貸放則僅指一筆貸款交易由兩家以上的銀行或金融機構聯合共同提供貸款，貸款人之間並未形成嚴格的法律關係。

2. 歐洲債券市場

國際債券市場分爲以下兩部分：

（1）外國債券。外國債券（Foreign Bonds）是指借款人在國外資本市場發行以發行國貨幣標價的債券。外國債券發行者是一個外國主體。最重要的外國債券市場包括紐約、東京、法蘭克福和阿姆斯特丹市場。在美國市場承銷和發行的非美國公司的債券稱爲揚基債券（Yankee Bonds）；在日本市場承銷和發行的非日本公司的日元債券被稱爲武士債券（Samurai Bonds）；在英國市場承銷和發行的非英國公司的英鎊債券被稱爲猛犬債券（Bulldog Bonds）。

（2）歐洲債券。歐洲債券（Euro-Bonds）是指借款人在其他國家發行的非發行國貨幣標價的債券。這種境外債券是通常由一些國家的銀行和金融機構的國際承銷辛迪加出售，並由有關國家向投資人提供擔保的中長期融資方式。

七、歐洲貨幣市場對世界經濟的影響

(一) 歐洲貨幣市場的積極影響

第一，歐洲貨幣市場作爲國際資本轉移的重要渠道，最大限度地解決了國際資金供需矛盾，促進了經濟、生產、市場、金融的國際化。歐洲貨幣市場上的銀行"存短放長"，解決了資金來源與運用的期限矛盾；通過使用國際上幾種主要的自由兌換貨幣，解決了資金來源與運用的幣種矛盾，使得來自各國的資金供給和需求得以間接地實現跨國轉移。

第二，歐洲貨幣市場解決了某些國家國際支付手段不足的困難，在一定程度上緩解了國際收支失衡的問題。由於經濟發展的不平衡，一些國家的國際收支出現較大差額。歐洲貨幣市場上資金流動速度較快、數額龐大，國際儲備有餘的國家和短缺的國家可互通有無，進行調劑，使國際收支困難得以緩和。

第三，歐洲貨幣市場推動了世界經濟和國際貿易的發展。一些發展中國家，如墨西哥、秘魯等國，利用歐洲貨幣市場資金，從西方工業國家進口大量生產設備與技術，推動了本國經濟的發展。

第四，歐洲貨幣市場促進了國際資金流動和國際金融一體化的發展。歐洲貨幣市場爲國際貿易融資提供了便利，爲跨國公司、跨國銀行提供了更充實的資金來源，對資本國際化起到了促進作用。

(二) 歐洲貨幣市場的消極影響

第一，國際金融體系變得更加脆弱。歐洲貨幣市場上國際信貸的主要方式是借短貸長。作爲歐洲銀行業的主要資金來源，歐洲貨幣存款絕大部分是一年以下的短期資金。然而20世紀70年代以來，歐洲貨幣貸款多半是中長期的，金融市場一旦有任何不利消息傳出，儲戶就有可能提存，銀行就會面臨流動性危機。同時，歐洲貨幣通過歐洲銀行的多次轉存，形成複雜的連鎖借貸關係，若個別銀行發生清償困難或倒閉時，就會引起連鎖反應。因爲歐洲貨幣市場沒有一個中央銀行作爲最後貸款人，所以這給國際銀行體系的安全埋下了隱患。

第二，各國貨幣政策的實行受阻，在一定程度上削弱了各國貨幣政策的效力。各國貨幣政策的實施往往會因歐洲貨幣市場的存在而受到很大干擾。例如，當一國爲抑制通貨膨脹而採取緊縮的貨幣政策、調高國內利率時，國內銀行和企業卻容易地從利率較低的歐洲貨幣市場獲得資金；同時，歐洲貨幣市場上的國際遊資也會因該國的高利率而大量湧入，這就削弱了該國反通脹政策的效果。

第三，外匯投機加劇了金融市場的動盪。由於歐洲貨幣市場資金流動不受限制，有大量短期資金用於套匯、套利活動，導致大規模資金在幾種貨幣之間頻繁移動，從而加劇了有關匯率的波動，影響了國際金融市場和各國貨幣金融的穩定。

本章小結

國際金融市場是指資金在國際上進行流動或金融產品在國際上進行買賣和交換的場所。國際金融市場有狹義和廣義之分，狹義的國際金融市場包括短期和長期資金市場；廣義的國際金融市場包括國際貨幣市場、國際資本市場、國際外匯市場、國際黃金市場和金融衍生工具市場。

國際貨幣市場是國際短期貨幣金融資產進行交換的場所，融資期限在一年以內。國際貨幣市場融資具有期限短、資金周轉速度快、數額巨大、金融工具流動性強、貨幣性較強、價格波動小、投資風險較低等特徵。國際貨幣市場是國際金融市場的重要組成部分，主要包括國際銀行短期信貸市場、短期證券市場以及票據貼現市場。

國際資本市場是國際長期資金融通的市場，即借貸經營期限在一年以上的中長期國際資金的市場。國際資本市場的主要業務有兩大類：銀行貸款和證券交易。其主要功能是爲國際長期資金的流動提供渠道，將世界各國的閒置資金資源轉化爲國際性投資。

歐洲貨幣市場又稱離岸金融市場，是指能夠交易各種境外貨幣，既不受貨幣發行國政府法令管制，又不受市場所在國政府法令管制的金融市場。歐洲貨幣市場是一種完全國際化的金融市場，包括歐洲短期信貸市場、歐洲中長期信貸市場和歐洲債券市場。

復習思考題

1. 簡述國際金融市場的基本構成。
2. 新型國際金融市場與傳統的國際金融市場相比有哪些特點？

3. 簡述國際貨幣市場的基本業務。
4. 什麼是歐洲貨幣市場？歐洲貨幣市場的特點是什麼？
5. 歐洲貨幣市場的積極與消極作用各有哪些？

實訓操作

1. 分組討論金融危機下國際金融市場的各個子市場受到了什麼樣的衝擊以及各自的發展趨勢有哪些？相關資料可查閱各類金融期刊或登錄相關網站進行收集。

2. 瞭解人民幣離岸市場的現狀，從政策制定者的角度思考如何提高該市場的國際化程度，使我國經濟進一步融入世界資本市場。

第六章　國際貨幣體系

學習目標

- 理解國際貨幣體系的概念及內容
- 瞭解國際金本位制的形式
- 掌握布雷頓森林體系的"兩個掛勾"及影響
- 瞭解牙買加貨幣體系的作用
- 掌握歐元啓動對國際金融的影響

專業術語

國際貨幣體系　　金本位制　　布雷頓森林體系　　牙買加貨幣體系　　歐洲貨幣體系

案例導入

1997 年 7 月爆發於泰國的金融危機成爲自第二次世界大戰以來持續時間最長、波及範圍最廣、影響最大的金融危機。

1992 年泰國對外資的流入放鬆限制，並採取泰銖和美元掛勾的固定匯率制。1997 年 2 月，以索羅斯爲首的國際對衝基金開始對泰銖發動進攻。同年 7 月 2 日，泰國宣布泰銖跟美元脫鈎、實行浮動匯率制，泰銖開始大幅貶值。金融危機拉開了序幕。

隨泰國之後，菲律賓、馬來西亞、印度尼西亞、新加坡等陷入危機之中。臺灣地區放棄對臺幣的保衛，臺幣自動和美元脫鈎，臺幣迅速貶值。

1997 年 11 月中旬，韓國金融市場崩潰。11 月 21 日，韓國求助於國際貨幣基金組織，並被迫接收該組織向其提供貸款的條件。

1998 年 6 月，日元大幅貶值。金融危機的波及面再次擴大，除東南亞國家和地區外，日元貶值造成的衝擊波擴及拉丁美洲、歐洲和美國。

1998 年 8 月，俄羅斯再次爆發嚴重的金融危機，並引發了政治危機。

1999 年 1 月，巴西金融市場大幅動蕩。國際貨幣基金組織及時提供 415 億美元的資金援助，美國對巴西的金融局勢也給予高度關註，將巴西金融危機的影響面控制在最小範圍內。

不可否認，造成這場大規模金融危機的根本原因在於這些國家的經濟結構存在缺陷、宏觀經濟發展政策存在失誤。但是，在這其中國際貨幣體系也難辭其咎，突出表現在以下幾方面：第一，從整體來看，國際貨幣體系未能跟上經濟全球化發展的步伐，不能滿足國際經濟與金融形勢的需要；第二，國際貨幣體系未能很好地組織國際金融合作；第三，國際貨幣體系對新形勢下的金融危機缺乏足夠的認識，對國際金融市場疏於監管，也未建立起預警機制，不能做到防危機於未然；第四，國際貨幣基金組織面對危機反應遲緩，如在控制危機至關重要的最初一段時間裡，只派了兩個專家小組協助泰國央行處理泰銖浮動的技術性問題，喪失了控制危機的最好時機；第五，提供給遭遇危機國家的建議忽視了不同國家的結構問題和社會現實，從而缺乏針對性和有效性，甚至起到了反作用。

【啟示】金融危機再次警示我們，必須創造性地改革和完善現行國際貨幣體系，推動國際儲備貨幣向着幣值穩定、供應有序、總量可調的方向完善，才能從根本上維護全球經濟金融穩定。

第一節　國際貨幣體系概述

一、國際貨幣體系的含義

國際貨幣體系（International Monetary System，IMS）又稱國際貨幣制度，是指各國政府對貨幣在國際上發揮職能作用以及有關國際貨幣金融問題所確定的原則、協議，採取的措施和建立的組織形式。

國際貨幣體系包括三個層次：核心層、緊密層和鬆散層（見圖6.1）。其中，緊密層直接作用於核心層，鬆散層間接作用於核心層。

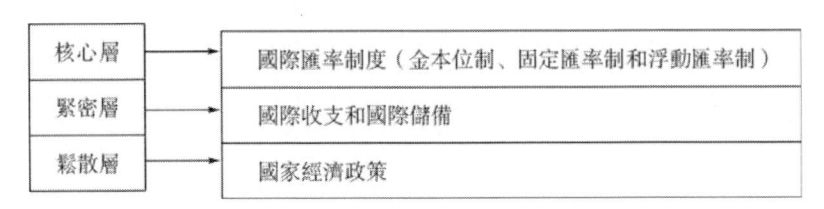

核心層	→	國際匯率制度（金本位制、固定匯率制和浮動匯率制）
緊密層	→	國際收支和國際儲備
鬆散層	→	國家經濟政策

圖6.1　國際貨幣體系的層次

二、國際貨幣體系的內容

一般而言，國際貨幣體系主要包括以下幾個方面的內容：

（一）確定關鍵貨幣作為國際貨幣

關鍵貨幣是指在國際貨幣體系中充當基礎性價值交換工具的貨幣，是國際貨幣體系的基本要素。若一國對外支付不能使用本國的貨幣，則必須使用各國普遍接受的貨幣，即關鍵貨幣。只有確定了關鍵貨幣，才能進而確定各國貨幣之間的匯率、匯率調整及國際儲備構成等。因此，確定關鍵貨幣，即確定該貨幣在貨幣體系內的地位，構成了國際貨幣體系的一項重要內容。

(二) 確定各國貨幣之間的匯率

在國際貨幣體系中，要使關鍵貨幣維持其貿易清算支付及國際貨幣的地位，就必須確定各國貨幣之間的匯率。保證關鍵貨幣幣值穩定，使其更好地流通取決於兩個方面：一是關鍵貨幣與其價值基礎間的聯繫；二是各國貨幣與關鍵貨幣匯率的波動幅度。

(三) 確定國際儲備資產

爲滿足國際支付和調節國際收支的需要，國際貨幣體系首先必須明確用什麼資產作爲儲備貨幣，必要時用於干預外匯市場，穩定本幣匯率。因此，確定國際儲備資產也是國際貨幣體系的重要內容。

(四) 確定國際收支的調節機制

國際收支是一國對外經濟交易及其結果的系統記錄。國際貨幣體系應確定國際收支的調節機制，幫助和促進國際收支出現不平衡的國家進行調節，並使各國在國際範圍內公平合理地承擔國際收支的調節責任。保證各國經濟發展和世界經濟的穩定，是國際貨幣體系的重要內容和重要任務。

三、國際貨幣體系的演變

(一) 發展階段

國際貨幣體系經過數百年的變革，才發展到現在的格局。按時間順序可以分爲以下幾個階段，如表6.1所示。

表6.1　　　　　　　　　　　國際貨幣體系演變

國際貨幣體系		時間	代表性國家	主要特徵
國際金本位制時期	金幣本位制	1880—1914年	英國	匯率穩定，黃金物價流動機制
	金塊本位制與金匯兌本位制	1918—1939年	美國、英國、法國及其他國家	英鎊區、法郎區、美元區等貨幣集團
布雷頓森林體系時期		1944—1973年	以美國爲中心	美元與黃金掛鉤
牙買加貨幣體系時期		1976年至今	美國的中心地位有所下降	國際儲備多元化和浮動匯率制

(二) 國際貨幣體系發展的原因

1. 國際生產關係的性質及其發展狀況

這是國際貨幣體系演變的基礎。國際金本位制同自由資本主義相適應。當時，資產階級爲了擴大世界市場而奔走於全球各地，這客觀上要求有一個自由而穩定的國際貨幣體系，這樣國際金本位制就應運而生了。

2. 世界經濟發展的不平衡

這是國際貨幣體系演變的直接原因。在國際貨幣體系發展的每一個歷史時期，基本上都有個別國家居於中心地位。國際金本位制時期是以英國爲中心,布雷頓森林體系時期是以美國爲中心,牙買加貨幣體系時期是美國、日本、西歐三足鼎立。

四、國際貨幣體系的作用

國際貨幣制度是歷史的產物,同時也是各國之間利益與矛盾衝突協調的結果。它的形成對世界經濟的發展和各國的國際貨幣行爲起着重要的作用。

第一,明確了國際清算和支付手段的供應和管理原則。

第二,明確了國際收支的調節機制。

第三,確立了有關國際貨幣金融事務的協商機制並建立了相關協調監督機構。

第四,確立了多邊支付制度,加速了世界經濟一體化。

第二節　國際金本位制

國際貨幣體系是隨著歷史的發展不斷演變的,不同的國際貨幣體系意味着各國在實現內外平衡時要遵循的準則不同。國際貨幣體系的發展體現了爲適應不同的歷史條件而對這些準則所進行的變革。從時間先後看,國際金本位制是最早出現的國際貨幣體系。

一、國際金本位制的概述

金本位制(Golden Standard)是指一國的本位貨幣(Standard Money)以一定量的黃金來表示的貨幣制度。本位貨幣是就一國貨幣制度的基準貨幣而言的。

金本位制是以黃金爲本位貨幣的一種制度,它是各國自然選擇的結果。19世紀末20世紀初,大多數西方工業國家都進入了國際金本位制階段。金本位制按其貨幣與黃金聯繫的程度劃分爲金幣本位制、金塊本位制和金匯兌本位制。

(一)金幣本位制

1. 基本特點

(1)金幣的形狀、重量與成色由國家法令規定,金幣可自由鑄造、自由熔化。

(2)金幣可以自由兌換,不受對象和數量限制。

(3)黃金可以自由輸出、輸入。

2. 基本內容

(1)黃金作爲國際貨幣,成爲各國之間債權和債務清償的最終手段。

(2)各國貨幣的匯率由其含金量的比值來確定,匯率雖有波動,但幅度有限,受黃金輸送點的限制。

(3)對國際收支平衡具有自動調節能力。

(二)金塊本位制

金塊本位制是指紙幣有限兌換黃金的貨幣制度。這是因爲貨幣的發行已經沒有

100%的黃金準備，只有達到一定數額的紙幣才能兌換黃金，本位貨幣價值雖仍與一定量黃金保持等價關係，但黃金的可兌換性受到削弱。

第一次世界大戰爆發後，許多資本主義國家因戰爭影響，經濟瀕於崩潰。各國為防止黃金外流，相繼停止黃金的自由兌換，禁止金幣流通和黃金輸出，放棄了金本位制。戰爭結束後，各國政府普遍重視國際貨幣體系的重建問題，但鑒於黃金儲備嚴重不足且分配不均，典型的國際金本位制很難恢復。直到1924年，資本主義國家經濟進入相對穩定時期，才相繼恢復了名義上的金本位制——金塊本位制。

其主要特點如下：
(1) 金幣仍作為本位貨幣，但市場不再流通和使用金幣，而是流通紙幣。
(2) 國家儲存金塊作為儲備。
(3) 不許自由鑄造金幣，但仍以法律規定紙幣的含金量。
(4) 紙幣不能自由兌換金幣，但在國際支付或工業用金時，可按規定的限制數量用紙幣向中央銀行兌換金塊（如英國在1925年規定一次至少兌換400盎司黃金，約值1 700英鎊）。

(三) 金匯兌本位制

金匯兌本位制又稱為虛金本位制，實行這種制度的國家的貨幣同另一個實行金本位制國家的貨幣保持固定比價，然後將本國的一部分外匯和黃金儲備存放在"貨幣聯繫國"的中央銀行作為儲備金。這體現了小國對大國（"中心國"）的依附關係。通過無限制買賣外匯維持金塊本位國家貨幣的聯繫，即"盯住"後者的貨幣，這種貨幣制度實際上是一種帶有附屬性質的貨幣制度。

其主要特點如下：
(1) 國家無須規定貨幣的含金量，市場上不再流通金幣，只流通銀行券。
(2) 銀行券不能兌換黃金，只能兌換實行金幣或金塊本位制國家的貨幣，這些外匯在國外才能兌換成黃金。
(3) 實行金匯兌本位制的國家使其貨幣與另一實行金塊本位制國家的貨幣保持固定匯率，通過無限制地買賣外匯來維持本國貨幣幣值的穩定。

二、國際金本位制的共同點

國際金本位制是一種以一定質量和成色的黃金作為本位貨幣的貨幣制度，貨幣體系基礎是黃金，各國貨幣按其含金量之比確定一個法定平價。因此，國際金本位制是一種各國貨幣根據黃金來確定比價的固定匯率制度。

(一) 實行固定匯率制

由於金本位制下黃金可以自由輸出和輸入，所以匯率的波動始終維持在黃金輸送點之間。若一旦市場匯率波動超過黃金輸送點的話，人們很快會發現在償還國際性債務的時候，使用黃金直接支付會比借助匯率兌換外匯更為便宜。因此，外匯的交易需求將會減少，將會促使匯率回到黃金輸送點之間，由此保證金本位制的匯率穩定性。

(二) 黃金執行國際支付手段和國際儲備貨幣的職能

各國的儲備貨幣都是黃金，黃金作爲最終的清算手段，是"價值的最後標準"，充分發揮世界貨幣的職能。各國在國際結算當中也都使用黃金，而且金幣可以自由鑄造，銀行券可自由兌換黃金，黃金可以自由輸出和輸入，各國一般不對黃金的流出和流入加以任何限制。

(三) 國際收支自動調節

金本位制下各國的國際收支可以自發進行調節。這一自動調節規律被稱爲價格—現金流動機制。由於它是由古典經濟學家大衛·休謨提出的，所以又被稱爲休謨機制。當一國國際收支不平衡時，會引起該國黃金的輸出和輸入，而黃金的流動又會使該國銀行準備金發生變動，而銀行準備金的變動將引起國內貨幣數量的變化，從而影響國內物價，物價的變動又會導致進出口變動，最後糾正國際收支的不平衡。

(四) 國際金本位制是一個鬆散、無組織的體系

國際金本位貨幣制度中沒有一個常設的固定機構來規範和協調各國的行爲，也沒有各國貨幣會議宣布成立金本位貨幣制度，只是各國自行選擇的結果，即都通行金本位制，遵守金本位制的原則和慣例，因而構成了一個體系。

三、國際金本位制的作用與缺陷

(一) 國際金本位制的作用

在國際金本位制下，黃金充分發揮了世界貨幣的職能，對國際經濟的穩定發展起了重要作用。其作用具體表現以下方面：

第一，各國之間的匯率非常穩定。

第二，由於金本位制具有內在的自動調節機制，各國貨幣直接與黃金掛鈎，而黃金可以自由買賣、自由輸出和輸入，物價與現金流動機制對國際收支不平衡的調節是漸進的自動調節過程。各國政府沒有採取爲對付外來衝擊而給一國國內經濟造成消極影響的突然性措施。

第三，國際金本位制通過國際收支不平衡產生的壓力，對那些偏好於膨脹國內經濟的政府施加了外部約束。

第四，國際金本位制對供求失衡的調節主要依靠市場的力量，從而使政府的干預降低到最低程度，避免了人爲的政策失誤。

第五，有利於各國經濟政策的協調。

(二) 國際金本位制的缺陷

國際金本位制促進了世界經濟的發展，但隨著世界經濟規模的不斷擴大，也暴露出一些弊端。

第一，金本位制下，黃金供求和分配的矛盾突出。

第二，金本位制度的自動調節機制是有限的。

四、國際金本位制的崩潰

國際金本位制的崩潰始於 1929 年爆發的世界經濟危機，這場危機的導火線是美國紐約證券市場的崩潰。當時股價暴跌，導致金融全面緊縮，物價劇跌，尤其是原料價格下跌幅度最大。一些以原料生產爲主的國家，黃金大量外流，迫使這些國家不得不放棄金本位制。

從 19 世紀末金幣本位制的建立到第一次世界大戰的前幾年，金幣本位制的運行比較順利。

第一次世界大戰前，一些國家爲了準備戰爭，大量增發銀行券，致使銀行券自由兌換黃金難以實現。

第一次世界大戰爆發後，各國停止銀行券兌換黃金並禁止黃金流動。金幣本位制自由鑄造、自由輸出入和自由兌換的三大特點被徹底破壞，因此金本位制宣告瓦解。

第三節 布雷頓森林體系

第二次世界大戰以後，全球建立了一個以美元爲中心的國際貨幣體系，即布雷頓森林體系，這個貨幣體系是英、美兩國在國際金融領域爭奪霸權的產物。

一、布雷頓森林體系的歷史進程

第二次世界大戰徹底改變了世界政治經濟的局勢，英國經濟遭到嚴重破壞，而美國卻成爲世界上最大的債權國和經濟實力最雄厚的國家。英、美兩國都從本國利益出發，分別提出了自己的重建世界金融規劃的計劃。1943 年 4 月 7 日，英、美兩國政府分別在倫敦和華盛頓同時公布了英國財政部顧問凱恩斯擬訂的"國際清算同盟計劃"（凱恩斯計劃）和美國財政部助理懷特擬訂的"國際穩定基金計劃"（懷特計劃）。經過 30 多個國家的共同商討，在美國的新罕布爾州的布雷頓森林小鎮召開了由籌建聯合國的 44 國政府代表參加的"聯合國貨幣金融會議"（布雷頓森林會議）。布雷頓森林會議通過了《布雷頓森林協定》（包括《國際貨幣基金組織協定》《國際復興開發銀行協定》），從而確定了布雷頓森林體系。

二、布雷頓森林體系的主要內容

（一）建立一個永久性的國際金融機構——國際貨幣基金組織

國際貨幣基金組織是第二次世界大戰後國際貨幣體系的核心，它的各項規定構成了國際金融領域的基本秩序，它對成員國融通資金，在一定程度上維持着國際金融形勢的穩定。

（二）以美元作爲最主要的國際儲備貨幣，實行美元—黃金本位制

根據《布雷頓森林協定》的規定，美元與黃金直接掛勾，各國政府或中央銀行隨

時可用美元向美國按官價（每盎司黃金＝35美元）兌換黃金；其他國家的貨幣與美元掛勾，規定與美元的比價，從而間接與黃金掛勾，進而決定各成員國之間的平價關係，即所謂的雙掛勾制度，從而確定了美元的中心地位。儲備貨幣和國際清償力的主要來源是美元，美元既是美國本國貨幣，又是國際關鍵貨幣。因此，布雷頓森林體系下的國際貨幣制度就是以美元—黃金為基礎的國際金匯兌本位制。

(三) 實行可調整的固定匯率制度

國際貨幣基金組織規定，各成員國貨幣與美元的匯率如果發生波動，範圍不得超過平價的±1%。除美國外，各成員國中央銀行有義務維持本國貨幣同美元匯率的穩定，只有在國際收支出現根本性不平衡時，經國際貨幣基金組織批准才允許進行匯率調整。匯率平價的任何變動都要經過國際貨幣基金組織批准，這就是第二次世界大戰後實行的可調整的盯住匯率制。但對什麼是根本性的不平衡，國際貨幣基金組織則沒有做出說明。

(四) 國際貨幣基金組織向國際收支赤字國提供短期資金融通，以協助其解決國際收支困難

國際貨幣基金組織的成員國在需要國際儲備時，可用本國貨幣向國際貨幣基金組織按規定程序購買一定數額的外匯，將來在規定的期限內以黃金或外匯購回本幣的方式償還借用的外匯資金。成員國向國際貨幣基金組織繳納的份額越大，投票權越大，同時借款能力也就越強。由於第二次世界大戰結束時大部分國家國際儲備存量有限，所以國際貨幣基金組織基本上由美國控制。普通貸款是國際貨幣基金組織最基本的貸款，它只限於彌補國際收支赤字。

(五) 取消對經常帳戶交易的外匯管制，但對國際資金流動進行限制

國際金本位制崩潰後，各國採取了嚴格的外匯管制，這使國際經濟交流受到嚴重損害。為了改變這一狀況，布雷頓森林體系要求各國盡快放開對經常帳戶交易的管制。但是，由於兩次世界大戰間國際資金流動的投機色彩特別濃厚，給國際貨幣體系的穩定帶來了非常大的衝擊，因此布雷頓森林體系允許對國際資金流動進行控制，各國均嚴格限制資金的國際流動。

三、布雷頓森林體系的作用與缺陷

(一) 布雷頓森林體系的作用

布雷頓森林體系是在美國經濟實力雄厚、擁有巨額國際收支順差、黃金儲備充足的條件下建立起來的。其積極作用表現以下方面：

第一，結束了國際貨幣金融領域裡的混亂局面，穩定了國際金融秩序。

第二，促進了國際貿易和國際投資的發展，有助於國際資本流動和生產國際化的發展。

第三，美元作為國際本位貨幣，處於等同於黃金的地位，作為黃金的補充，彌補了國際收支清償力的不足。

第四，在促進國際貨幣合作和建立多邊支付體系方面也起到一定的作用。

(二) 布雷頓森林體系的缺陷

布雷頓森林體系以黃金為基礎、以美元為中心、美元與黃金兩者互相等同的制度內容決定了其無法克服自身的下述缺陷而必然陷入困境。

1. 美元的雙重身份和雙掛鉤制度

美元的雙重身份和雙掛鉤制度是布雷頓森林體系的根本缺陷。布雷頓森林體系是建立在黃金—美元基礎之上的，美元既是一國的貨幣，又是世界的貨幣。美元作為一國的貨幣，其發行必然受制於美國的貨幣政策和黃金儲備；美元作為世界的貨幣，其供應又必須適應國際貿易和國際投資增長的需要。布雷頓森林體系規定了美元與黃金掛鉤以及其他貨幣與美元掛鉤的雙掛鉤制度，而黃金產量和美國黃金儲備的增長卻跟不上國際經濟和國際貿易的發展，這必然導致美元出現進退兩難的狀況。

2. 國際收支調節機制的效率不高

調節機制的效率是指調節機制的調節成本比較低，調節成本的分配比較均勻，調節要有利於經濟的穩定與發展。在布雷頓森林體系的固定匯率制下，雖然匯率是可以調整的，但是固定匯率的多邊性增加了調整平價的困難，而且匯率只允許在平價上下的1%波動，這使得匯率體系過於僵化。實踐證明，這種調節機制不是很成功，因為它實際上看重國內政策調節；而從調節政策來看，一個國家很難在不犧牲國內經濟穩定與對外貿易利益的情況下，靠一套政策的配合來恢復國際收支平衡。

3. 調節機制不對稱，逆差國家負擔過重

在名義上，國際貨幣基金組織規定順差國與逆差國對國際收支的失衡都負有調節責任。但實際上，布雷頓森林體系將更多的調節壓力放在逆差國緊縮經濟上，而不是迫使順差國膨脹經濟。就其他調節形式來看，逆差國承受的貨幣貶值的壓力遠比順差國承受的貨幣升值的壓力要大，逆差國加緊實施管制措施的現象與順差國放鬆外匯管制、拆除貿易壁壘相比更為常見。這便是布雷頓森林體系所特有的調節機制不對稱問題。

4. 儲備貨幣的供應缺乏有效的調節機制

從國際經濟和國際貿易發展的角度來看，儲備貨幣的供應不能太少，太少將限制國際經濟和國際貿易的發展；從物價和貨幣穩定的角度來看，儲備貨幣的供應又不能太多，太多會引起世界性通貨膨脹和貨幣混亂。在浮動匯率和多種儲備貨幣體系下，一種儲備貨幣的過量供應，會導致該種儲備貨幣匯率下浮，需求下降，因而可調節該種儲備貨幣的供應。但在布雷頓森林體系僵化的匯率制度下，世界其他國家為減少調節成本傾向於不斷積累美元，但美國的黃金儲備限制著美元的供應。於是，當美元供應相對不足時，各國大量積累美元，引發美元的不斷輸出；當美元供應相對過多時，各國又拋售美元，換取美國的黃金儲備，從而直接威脅到該體系的生存。

四、布雷頓森林體系的崩潰

布雷頓森林體系的實質是國際金匯兌本位制，其得以維持的前提是單位美元能夠保證按一定比率兌換黃金，若這一比率無法維持則該體系自動解體。布雷頓森林體系以美元爲中心貨幣，因此其解體的邏輯就是美元危機的爆發—拯救—再爆發—再拯救……直至崩潰的過程。

美元危機頻繁爆發並最終導致布雷頓森林體系瓦解的原因主要如下：

第一，美國國內通貨膨脹的加劇導致了美元幣值高估。

第二，美國國際收支連年逆差形成了美元過剩。

第三，黃金儲備的大量流失和"雙重金價制"破產，動搖了美元的信譽。

第四節　牙買加貨幣體系

一、牙買加貨幣體系的建立的背景

布雷頓森林體系解體後，國際金融形勢動盪不安，國際貨幣基金組織於1972年7月成立了基金組織理事會國際貨幣制度改革及有關問題委員會，又稱二十國委員會。該委員會建議仍以可調整的盯住匯率制爲基礎，只有在特殊情況下國際貨幣經基金組織同意才能實行浮動匯率制並應受到國際貨幣基金組織的監督。

國際貨幣基金組織根據這項建議，於1974年7月設立了一個國際貨幣制度臨時委員會，簡稱臨時委員會，代替二十國委員會，負責有關國際貨幣制度改革的問題，就匯率制度、黃金處理、擴大借款額度、增加成員國在國際貨幣基金組織的份額等問題達成了一些協議。由於這次協議是在牙買加首都金斯頓召開的，所以又稱牙買加協議（Jamaica Agreement）。

二、牙買加貨幣體系的主要內容

（一）浮動匯率合法化

牙買加協議取消了平價和中心匯率，國際貨幣基金組織會員國可以自由選擇任何匯率制度，浮動匯率制與固定匯率制可以並存，但在匯率政策方面要接受國際貨幣基金組織的指導和監督，以防止各國採取損人利己的貨幣貶值政策。國際貨幣基金組織對會員國的匯率進行監督，使匯率水平能夠反應各國長期經濟狀況，不允許會員國操縱匯率來阻止國際收支進行有效的調節或獲取不公平的競爭利益。

（二）黃金非貨幣化

黃金非貨幣化，即黃金與貨幣徹底脫鉤，黃金不再是平價的基礎。廢除黃金條款，取消黃金官價，減少黃金的貨幣作用，使黃金成爲一種單純的商品，各國際貨幣基金組織會員國的中央銀行可按市價自由進行交易活動。牙買加協議取消了國際貨幣基金組織會員國之間以及國際貨幣基金組織會員國與國際貨幣基金組織之間必須用黃金繳付其份額的25%的義務。

(三) 特別提款權成為主要的國際儲備資產

牙買加協議規定，各國際貨幣基金組織會員國之間可以自由進行特別提款權交易，而不必徵得國際貨幣基金組織的同意。國際貨幣基金組織與國際貨幣基金組織會員國之間的交易以特別提款權代替黃金，國際貨幣基金組織一般帳戶中所持有的資產一律以特別提款權表示。特別提款權是國際貨幣基金組織分配給其他國際貨幣基金組織成員國的在原有的一般提款權以外的一種資金使用權力。國際貨幣基金組織成員國可用它來履行對國際貨幣基金組織的義務和接受國際貨幣基金組織的貸款，各國際貨幣基金組織成員國相互之間可用它來進行借貸。

(四) 增加國際貨幣基金組織成員國繳納的基金份額

牙買加協議規定，國際貨幣基金組織由原來的295億特別提款權增加到390億特別提款權，增加了33.6%。國際貨幣基金組織各成員國的份額比例有所調整，有升有降。石油輸出國所承擔的份額提高了一倍，由5%上升到10%，其他發展中國家維持不變，增加了前聯邦德國、日本和石油輸出國的份額比例，減少了美國和其他西方國家的份額比例。

(五) 擴大對發展中國家的資金融通

牙買加協議規定，用出售黃金所得收益設立"信託基金"，以優惠條件向最貧窮的發展中國家提供貸款或援助，以解決其國際收支問題。同時，國際貨幣基金組織擴大信用貸款部分的總額，由占會員國份額的100%增加到145%，提高國際貨幣基金組織"出口波動補償貸款"在份額中的比重，由占份額的50%提高到占份額的75%。

三、牙買加貨幣體系的特點

(一) 以浮動匯率制度為中心的多種匯率制度

牙買加貨幣體系下的匯率制度是多種多樣的，這與布雷頓森林體系下單一的固定匯率制度不同。發達國家大多採取單獨浮動或聯合浮動，但也有少數國家採取盯住一籃子貨幣；發展中國家大多採取盯住某一貨幣或一籃子貨幣的相對固定的匯率制度。

(二) 國際儲備貨幣多元化

牙買加貨幣體系確定了以美元為主導的多元化國際儲備資產並存的國際儲備制，這也不同於布雷頓森林體系下國際儲備結構單一以及美元地位十分突出的情況。在牙買加貨幣體系中，黃金的國際儲備資產地位被弱化，但並未退出歷史平臺；美元雖仍是主導性的國際貨幣，但其地位明顯被削弱，各國外匯儲備中美元不再具有壟斷地位，聯邦德國馬克和日元等貨幣成為重要的國際儲備貨幣。特別提款權和歐洲貨幣單位(EUR) 作為儲備資產的地位也不斷提高。

(三) 國際收支的調節方式多樣化

在牙買加貨幣體系下，主要是通過匯率機制、利率機制、國際貨幣基金組織的干預和貸款以及動用國際儲備資產等方式來綜合調節國際收支不平衡，因而在一定程度上緩解了布雷頓森林體系貨幣制度調節機制失靈的困難。牙買加貨幣體系新引進了國際金融市場、商業銀行信貸和國際合作與政策協調，使國際收支的調節更迅速、更有效。

四、牙買加貨幣體系的作用與缺陷

牙買加貨幣體系較之布雷頓森林體系有進步之處，表現在以下方面：

第一，牙買加貨幣體系擺脫了布雷頓森林體系時期基準貨幣國家與掛勾貨幣國家相互牽連的弊端，並在一定程度上解決了"特里芬難題"。

第二，牙買加貨幣體系實行的是靈活的混合匯率體制。

第三，牙買加貨幣體系下對國際收支的多種調節機制互爲補充，成效較好。

儘管牙買加貨幣體系有進步之處，但同樣存在以下一系列弊端：

第一，儲備貨幣過於分散。

第二，牙買加貨幣體系下的國際收支調節機制仍不健全，國際收支危機的隱患猶存。

第三，牙買加貨幣體系下的匯率體系也極不穩定。

綜上所述，當前的國際貨幣制度雖然在各方面均有較強的適應性，但是它的缺陷也很突出，這些缺陷阻礙着世界經濟和國際貿易的發展，加劇了世界金融領域中的矛盾。因此，國際上關於改革現行的國際貨幣制度的討論始終沒有中斷過。

第五節　區域貨幣一體化與歐洲貨幣一體化

一、區域貨幣一體化

（一）區域貨幣一體化的概念

區域貨幣一體化指一定地區內的有關國家和地區在貨幣金融領域中實行協調與結合而形成一個統一體，最終形成一個統一的貨幣體系。實際上，區域貨幣一體化是一些國家或國家集團爲實現貨幣金融合作而組成的貨幣聯盟。

（二）區域貨幣一體化的特徵

區域貨幣一體化的特徵主要如下：

第一，統一的匯率，即成員國之間實現固定匯率制。

第二，統一的貨幣，即發行單一的共同貨幣，這是區域貨幣一體化的最高形式。

第三，統一的貨幣管理機構和貨幣政策，即建立了一個統一的中央銀行，並由這個機構保存各成員國的國際儲備、發行共同貨幣、決定統一的貨幣政策等。

（三）區域貨幣一體化的產生原因

區域貨幣一體化是第二次世界大戰後國際金融領域的新現象，其產生有客觀的必然性。

第一，第二次世界大戰後世界經濟一體化發展趨勢的推動。

第二，浮動匯率制的促進。

第三，貨幣一體化理論的指導。

(四) 區域貨幣一體化的概況

第二次世界大戰後，一體化程度最高、影響範圍最大的是歐洲貨幣一體化和蘇聯及東歐國家組成的經濟互助委員會實行的區域貨幣合作。經濟互助委員會隨蘇東集團的瓦解已不復存在，歐洲貨幣一體化則順利發展。除此之外，世界其他國家和地區也出現了一些區域性貨幣一體化組織，如非洲的西非貨幣聯盟和中非貨幣聯盟，拉丁美洲的安第斯儲備基金組織，中東地區的阿拉伯貨幣基金組織，亞洲東南亞國家聯盟內的區域貨幣合作等。但這些發展中國家的貨幣一體化在影響力和一體化程度上仍處在較低級階段，較爲典型的區域貨幣一體化目前主要是歐洲貨幣一體化。

二、歐洲貨幣一體化

(一) 歐洲貨幣一體化的建立

爲了加強政治、經濟聯合，歐洲 6 個國家（法國、德國、義大利、荷蘭、比利時、盧森堡）於 1958 年 1 月 1 日成立了歐洲經濟共同體（以下簡稱歐共體）。歐共體的目標是在經濟領域裡逐步統一經濟政策，建立工農業產品的統一市場，在歐共體內實現資本和勞動力的自由流動，協調各成員國間財政、金融、貨幣等方面的政策和立法，當時機成熟時，再從經濟聯盟發展成爲政治聯盟。

歐共體於 1979 年 1 月 1 日正式建立起了歐洲貨幣體系（European Monetary System, EMS），旨在進一步擺脫對美元的依賴及美元危機的影響，最終目的是實現歐共體的經濟與貨幣聯盟，其首先要解決的問題是穩定成員國的貨幣匯率。

(二) 歐洲貨幣一體化的主要內容

1. 建立歐洲貨幣單位

歐洲貨幣單位是歐洲貨幣體系的核心，是按"一籃子"原則由共同市場國家貨幣混合構成的貨幣單位。其價值由歐共體 12 個成員國貨幣的加權平均得到，每種貨幣的權數根據該國在歐共體內部貿易中所占的比重和該國國民生產總值規模進行確定，權數每五年變動一次。

歐洲貨幣單位的作用包括作爲決定成員國貨幣的中心匯率的標準；作爲歐共體成員國之間的信貸手段、清算手段、儲藏手段以及計價單位等，它是僅次於美元的國際儲備資產；隨著歐洲貨幣單位基金的建立，歐洲貨幣單位逐步成爲各國貨幣當局的一種儲備資產。由此可見，歐洲貨幣單位不僅執行計價單位的作用，成爲歐共體國家之間的結算工具，還作爲國際儲備手段。

2. 實行穩定匯率機制

歐洲貨幣體系的目標是實現歐洲各國貨幣的一體化，其重點落在穩定匯率機制上。歐洲貨幣體系通過建立雙重機制穩定成員國之間的貨幣匯率，即評價網體系和平價籃體系。

平價網體系又稱為格子體系，它要求成員國貨幣之間彼此確定中心匯率，各成員國相互之間的匯率只能圍繞中心匯率上下浮動。平價籃體系又稱貨幣籃子體系。與平價網體系中各成員國之間的貨幣比價規定雙邊中心匯率不同，貨幣籃子體系是確定各國貨幣對歐洲貨幣單位的市場匯率，然後規定差異界限，這種差異界限小於兩國貨幣中心匯率允許的波幅±2.25%或±6%，而且在歐洲貨幣單位中所占比重越大的貨幣，其差異界限越小。差異界限也起到了一種預警作用，當某個成員國貨幣對歐洲貨幣單位的比價偏離了法定中心匯率的幅度，該國中央銀行就需採取措施進行干預，使之返回到界限之內。當成員國無法通過干預措施和調節政策維持貨幣匯率規定界限時，就必須對整個平價網體系進行調整。

這種雙重穩定機制可以使匯率機制更加穩定，同時改變了過去發生匯率波動時大都由軟幣國家首先糾正匯率的缺陷，從而均攤了調節責任。

3. 建立歐洲貨幣基金

歐洲貨幣基金是歐洲貨幣體系的基礎。根據歐洲貨幣體系的規定，各成員國繳出其黃金外匯儲備的20%（其中10%為黃金），創建歐洲貨幣基金，用以向成員國發放中短期貸款，幫助成員國擺脫國際收支方面的短期困難，保持其匯率上的相對穩定。

4. 創設歐元

歐盟成員國為保值貨幣同盟目標的實現，保證歐元的穩定，確立了使用統一貨幣歐元應具備的條件。只有具備下述條件的成員國才能申請加入歐元區：

（1）預算赤字不超過國內生產總值的3%。
（2）債務總額不超過國內生產總值的60%。
（3）長期利率不高於3個通貨膨脹率最低國家平價水平的2%。
（4）消費物價上漲率不超過3個情況最佳國家平均值的1.5%。
（5）兩年內本國貨幣匯率波動幅度不超過歐洲匯率機制規定。

（三）歐洲聯盟的成立和歐元的誕生

1991年12月9日和10日，歐共體12國首腦在荷蘭小鎮馬斯特里赫特舉行聚會，正式修改1957年簽署的《羅馬條約》，並簽署了《歐洲聯盟條約》（包括《經濟與貨幣聯盟條約》和《政治聯盟條約》），又稱《馬斯特里赫特條約》（以下簡稱《馬約》），這標誌著歐共體從經濟實體向政治實體轉換邁出了歷史性的一步。

《馬約》的核心內容是：1993年11月1日建立歐洲聯盟，密切各國在外交、防務和社會政策方面的聯繫；1998年7月1日成立歐洲中央銀行，負責制定和實施歐洲的貨幣政策，並於1999年實行單一貨幣；實行共同的外交和安全防務政策。

根據《馬約》和歐盟的有關規定，歐元從發行到完全取代歐盟成員國的貨幣，分三個階段進行。

第一階段從1999年1月1日開始，這一階段是成員國貨幣向歐元的過渡期。其主要工作內容如下：

（1）按1：1的比例由歐元取代歐洲貨幣單位（European Currency Unit，ECU）進

行流通，成員國貨幣和歐元同時存在於流通領域。

（2）資本市場和稅收部門均以歐元標定，銀行間的支付結算以歐元進行。

（3）歐洲中央銀行投入運作並執行歐元的貨幣政策，制定歐元的利率；爲保證歐元與成員國貨幣固定匯率的順利執行，對成員國的貨幣發行進行一定的監控。

（4）執行都柏林會議制定的《穩定和增長條約》中有關規定，如制裁預算赤字超過國內生產總值3%的成員國，罰金爲國內生產總值的0.2%，赤字每超過1%，則課徵超過部分的1/10的罰金。

第二階段是從2002年1月1日開始，這一階段歐元紙幣和硬幣開始流通，成員國居民必須接受歐元，歐元紙幣和硬幣逐漸取代了各成員國的紙幣和硬幣。

第三個階段從2007年7月1日開始，這一階段將取消成員國的原貨幣，完成歐元完全取代原成員國貨幣的進程。

（四）歐元區建立的經濟影響

1. 對歐盟國家經濟的影響

（1）增強了歐盟國家的經濟實力，提高了其競爭能力。目前，歐元區的經濟實力與美國大致相當，強於日本。這就改變了以往德國、法國等國家在與美國、日本的經濟競爭中的不利局面，經濟實力的迅速增強使其在現有的競爭中處於有利的局面。

（2）減少了內部矛盾，防範和化解了金融風險。在歐洲貨幣一體化的三個階段中，各個國家的內部矛盾衝突十分激烈，有關匯率的安排及經濟政策的採用等方面各個國家步調極不一致，甚至出現了1992年的歐洲貨幣危機事件，金融風險日益增加。歐元區建立後，成員國實行統一的貨幣政策及相同的經濟政策，這從根本上減少了內部矛盾，防範和化解了金融風險。

（3）減少了成員國貨幣兌換的外匯風險，節省了清算支付成本。歐元區的建立使得成員國不用再進行各國家貨幣的兌換，可完全消除原來的外匯風險，同時可大量節省流通環節的成本。

（4）加速了各個國家的經濟發展，帶動了消費和投資的增加。歐元區建立後，各種生產要素完全自由流動，改變了各個國家的產業結構與投資結構，提高了各個國家資源配置的效率，加速了各個國家的國內生產總值的增長，增加了社會消費，刺激了企業投資。

2. 對世界經濟的影響

（1）使現有的國際儲備體系趨於合理。從目前的全球國際儲備的狀況來看，歐元已與美元、日元三分天下，其總數雖說還少於美元，但已全面超過日元，歐元在國際儲備體系中的重要性日益突出。現有的這種格局克服了以往國際儲備的急劇膨脹，在國際儲備的分配格局日趨合理並有利於各國國際儲備的管理。

（2）使世界經濟的一體化程度加深。歐元區的建立使歐洲金融市場完全一體化，這進一步加深了世界經濟一體化的程度。

（3）推動了現有國際貨幣體系的改革。歐盟一體化的進程爲現有國際貨幣體系的改革提供了一整套可供參考的經驗。

（4）進一步推動了國際經濟與貨幣合作。歐元區的建立與成功進一步推動了現有國際經濟與貨幣的合作，尤其是亞洲、非洲與拉丁美洲各國也聯合起來進一步加強貨幣領域的合作，共同促進世界經濟的發展。

本章小結

國際貨幣體系是指各國政府對貨幣在國際上發揮職能作用和解決有關國際貨幣金融問題所確定的原則、協議，採取的措施和建立的組織形式。一個健康的國際貨幣體系應具備信譽良好、價值穩定、滿足世界經濟發展需要的國際儲備資產，穩定的匯率機制，有效的和低成本的國際收支調節機制。

國際貨幣體系大體可分為三個階段，即國際金本位制階段、布雷頓森林體系階段以及現行的牙買加貨幣體系階段。

金本位制是以黃金作為國際本位貨幣的制度。按其貨幣與黃金的聯繫程度，可分為金幣本位制、金塊本位制和金匯兌本位制。

布雷頓森林貨幣制度是二戰後以"懷特計劃"為藍本確立的以美元為中心的國際貨幣制度，其中心內容是"雙掛勾"，即美元與黃金掛勾，其他各國貨幣與美元掛勾。

歐洲貨幣體系和歐洲貨幣聯盟是對最適度貨幣最佳的實踐，歐元正式啟動後，不僅對美元地位提出挑戰，也對現行國際貨幣體系和傳統國家主權提出挑戰，更加鼓勵了其他地區的合作發展，對地區和世界經濟產生深遠影響。

復習思考題

1. 簡述國際貨幣體系的含義與內容。
2. 簡述國際金本位制的形式。
3. 簡述布雷頓森林體系的主要內容及其缺陷。
4. 簡述牙買加貨幣體系的主要內容及其缺陷。
5. 簡述歐元區建立的經濟影響。

實訓操作

通過互聯網搜索資料，預測歐元未來的發展態勢。

第七章 國際金融機構

學習目標

- 瞭解主要的國際金融機構
- 瞭解國際金融機構發展的理論基礎
- 理解國際金融機構的宗旨、職能與作用
- 瞭解主要的區域性國際金融機構

專業術語

國際貨幣基金組織　世界銀行集團　國際清算銀行　亞洲開發銀行　歐洲投資銀行

案例導入

第二次世界大戰以來，國際貨幣體系從來沒有穩定過。貨幣爭霸之戰無時無刻不在上演。貨幣戰爭某種意義上取代了軍事戰爭的地位。日本廣場協議、拉美金融危機、歐美金融危、亞洲金融危機及美國次貸危機等接踵而至，衝擊着國際金融體系。

與此同時，主要國際金融組織的作用也日益削弱。在阿根廷某電視臺播出的一些廣告，一群孩子被問及關於國際貨幣基金組織的事。那些孩子的回答與該機構毫無關係：國際貨幣基金組織是一匹馬；不對，是一顆衛星；要不就是一個國家？

【啟示】除國際貨幣基金組織作為一個全球性的國際金融組織外，還有很多國際金融組織。這些組織的職能發揮和各國國際收支平衡、匯率穩定、融資條件有密切的關係。

第一節　國際金融機構概述

一、國際金融機構的產生與發展

國際金融機構是指從事國際金融業務、協調國際金融關係、維持國際貨幣與信用體系正常運作的超國家機構。

國際金融機構的產生與發展與國際經濟、政治狀況及變化密切相關。第一次世界大戰之前，世界主要國家的國際貨幣信用關係及結算制度沒有真正建立起來，並且它們的貨幣匯率比較穩定，國際收支多為順差，因而大國之間在國際金融領域的矛盾並不突出。此外，大國對小國的金融控制，主要依靠的是大國的經濟實力、金融實力和軍事實力。因此，第一次世界大戰前沒有產生國際金融機構的客觀要求。

第一次世界大戰爆發後，國際貨幣金融格局發生了重大變化，由於各主要國家政治經濟發展不平衡，它們彼此之間的矛盾激化，於是客觀上要求利用國際經濟組織控制或影響別國。與此同時，戰爭、通貨膨脹及國際收支的惡化，又使許多工業國家面臨國際金融困境，它們也希望借助國際經濟力量。因此，建立國際性金融機構成爲多數工業國家的共同願望，客觀上已具備產生國際金融機構的條件。

第二次世界大戰後，各國生產國際化與資本國際化，使國際經濟關係得到迅速發展，國際貨幣信用關係不斷加強，國際金融機構迅速增加。1944 年 7 月，在英、美等國的策劃下，美、英、中、蘇、法等 44 個國家在美國的新罕布什爾州的布雷頓森林召開了聯合國貨幣金融會議，通過了由美國提出的關於設立國際貨幣基金組織和國際復興開發銀行的方案，並簽訂了關於確定西方國家金融關係的基礎協議。1945 年 12 月正式成立了兩個國際性金融機構，即國際貨幣基金組織和國際復興開發銀行（以下簡稱世界銀行）。1956 年，國際金融公司成立。1959 年，國際開發協會成立，至此世界銀行集團正式出現。國際貨幣基金組織和世界銀行集團是當今成員國最多、機構規模最大、影響最廣的國際金融機構。

自 1957 年開始，歐洲、亞洲、非洲、拉丁美洲及中東地區的國家，爲了加強互助合作，抵制美國對國際金融的操縱，紛紛建立起區域性國際金融機構，以促進本地區的經濟發展。最早出現的區域性國際金融機構是 1957 年由歐共體設立的歐洲投資銀行。20 世紀 60 年代以後，泛美開發銀行、亞洲開發銀行、非洲開發銀行以及阿拉伯貨幣基金組織等陸續成立。

第二次世界大戰後，國際金融機構迅速發展的原因在於：第一，美國控制國際金融、擴大商品和資本輸出的需要。美國在第二次世界大戰中積聚了雄厚的實力，企圖通過建立國際機構來控制國際金融活動，從而有利於它的對外貿易與資本擴張。第二，生產和資本國際化的發展，要求各國政府共同干預經濟活動。國際範圍內干預經濟活動的加強，爲建立國際性金融機構提供了客觀有利條件。第三，工業國家的經濟恢復及新興國家民族經濟的發展，形成了對資金的迫切需求，希望建立國際金融機構，以獲得所需資金。第四，由生產和資本國際化而產生的經濟和貨幣金融一體化的客觀要求，爲建立國際金融機構打下了基礎。

二、國際金融機構的類型

國際金融機構的類型有以下兩種：

(一) 全球性金融機構

最重要的全球性金融機構是國際貨幣基金組織和世界銀行集團，它們對加強國際合作與穩定國際金融起着重要作用。

(二) 區域性金融機構

區域性金融機構具體分爲兩類：一類是聯合國附屬的區域性金融機構（有區域外

國家參加）。例如，亞洲開發銀行、泛美開發銀行、非洲開發銀行。另一類是某一地區一些國家組成的真正的區域性國際金融機構。例如，歐洲投資銀行、阿拉伯貨幣基金組織、石油輸出國國際發展基金等。地區性國際金融機構是今後發展的主要方向。

三、國際金融機構的性質與作用

國際金融機構作爲當代國際金融業務的主要承擔者、管理者和國際金融協調的實施者，其性質可以按照不同的標準加以區分。國際金融機構按照地區範圍可以分爲全球性的國際金融機構和區域性的國際金融機構；按照資本來源可以分爲由政府出資興辦的國際金融機構和由私人、政府共同參股的國際金融機構；按照職能可以分爲主要從事國際金融事務協調、監督的金融機構，主要從事以國際信貸支持世界經濟發展的國際金融機構和主要從事國際結算的國際金融機構。

第二次世界大戰以後，國際金融機構在促進國際經濟合作、發展世界經濟、穩定國際金融體系、擴大國際貿易以及爲落後地區提供發展資金和提供國際金融爭端協調機制等方面起到了積極作用。這主要表現在：第一，提供短期資金，調節國際收支逆差，在一定程度上緩和了國際支付危機。第二，提供長期建設資金，促進了發展中國家經濟發展。第三，穩定匯率，保證國際貨幣體系的運轉，促進國際貿易增長。第四，通過創造新的結算手段，適應了國際經濟發展的需求。

第二節　全球性國際金融機構

一、國際貨幣基金組織

國際貨幣基金組織（International Monetary Fund，IMF）是根據 1944 年 7 月召開的聯合與聯盟國家貨幣金融會議通過的《國際貨幣基金組織協定》成立的全球性國際金融機構。國際貨幣基金組織屬於政府間的國際金融組織。1947 年 11 月 15 日，國際貨幣基金組織成爲聯合國所屬專營國際金融業務的機構，總部設在華盛頓。中國是該組織的創始國之一，1980 年 4 月 17 日，該組織正式恢復中國的合法席位。瑞士是唯一未參加該組織的西方主要國家。

（一）宗旨

國際貨幣基金組織、世界銀行集團以及世界貿易組織共同構成第二次世界大戰後國際經濟秩序的三大支柱。國際貨幣基金組織負責國際貨幣金融事務。其宗旨主要表現在：

（1）爲成員國提供一個常設的國際貨幣機構，促進成員國在國際貨幣問題上的磋商與協作。

（2）促進國際貿易均衡發展，以維持和提高就業水平和實際收入，發展各國的生產能力。

（3）促進匯率的穩定和維持各國有秩序的外匯安排，以避免競爭性的貨幣貶值。

(4) 協作建立各國間經常性交易的多邊支付制度，並努力消除不利於國際貿易發展的外匯管制。

(5) 在臨時性基礎上和具有充分保障的條件下，國際貨幣基金組織向成員國提供普通資金，使其有信心利用此機會糾正國際收支的失調，而不採取危害本國或國際繁榮的措施。

(6) 努力縮短和減輕國際收支不平衡的持續時間及程度。

(二) 職能

國際貨幣基金組織的主要職能有：

(1) 就成員國的匯率政策、與經常帳戶有關的支付以及貨幣的可兌換性問題確定一項行為準則，並實施監督。

(2) 向國際收支發生困難的成員國提供必要的資金融通，以使其遵守上述行為準則。

(3) 向成員國提供國際貨幣合作與協商的場所。

(三) 組織機構

國際貨幣基金組織是以成員國入股方式組成的企業性質的金融機構。每個成員國必須繳納一定份額的資金作為入股基金，其組織機構由理事會、執行董事會和業務機構、總裁組成。

1. 理事會

國際貨幣基金組織的最高權力機構是理事會，理事會由各成員國派正、副理事各一名組成，理事一般由各國的財政部長或中央銀行行長擔任。理事會的主要職責如下：

(1) 批準接納新成員。

(2) 決定和修改基金份額和特別提款權的分配。

(3) 調整各成員國貨幣平價。

(4) 決定成員國退出國際貨幣基金組織。

(5) 討論決定其他有關國際貨幣制度的重大問題。

國際貨幣基金組織每年9月與世界銀行共同舉行年會，各理事單獨行使本國的投票權，各國投票權的大小由其所繳納基金份額的多少決定。

2. 執行董事會和業務機構

執行董事會負責日常工作，行使理事會委託的一切權力。執行董事會由24名執行董事組成，其中8名由美、英、法、德、日、俄、中、沙特阿拉伯指派，其餘執行董事由其他成員國分別組成16個選區選舉產生。執行董事會的主要工作如下：

(1) 接受理事會委託，定期處理各種行政和政策事務。

(2) 向理事會提出年度報告。

(3) 對成員國的經濟、金融問題進行研究。

執行董事會下設5個地區（非洲、亞洲、歐洲、中東、西半球）部門和12個業務機構（包括行政管理、中央銀行業務、匯兌和貿易關係、對外關係、財政事務、國際貨幣基金學院、法律事務、研究、秘書、司庫、統計和語言服務局）。

3. 總裁

國際貨幣基金組織的總裁由執行董事會推選，負責國際貨幣基金組織的業務工作，是國際貨幣基金組織的最高行政領導人。總裁任期5年，可連任，另外還有3名副總裁。總裁平時沒有投票權，只有在執行董事表決時，雙方票數相等的情況下，可以投一決定票。根據慣例，國際貨幣基金組織的總裁來自歐洲。

(四) 資金來源

1. 成員國繳納的基金份額

參加國際貨幣基金組織的每一個成員國都要認繳一定的基金份額，份額在性質上相當於股東加入股份公司認購的股份，一旦認繳就成為國際貨幣基金組織的財產。份額是根據成員國的國民收入、黃金和外匯儲備、進出口貿易以及其他經濟指標來決定的，由國際貨幣基金組織和成員國協商決定。

2. 向成員國借款

這是指國際貨幣基金組織在與成員國協商後向成員國借入的資金，作為基金組織的一個來源。其主要作用是向成員國提供資金融通。

3. 出售黃金

1976年1月，國際貨幣基金組織決定將其所持有的黃金的1/6，即2 500萬盎司，分4年按市價出售，以所得的收益中的一部分，作為建立信託基金的一個資金來源，用以向最窮的成員國提供信貸。

(五) 業務內容

1. 監督成員國的匯率政策

匯率監督的目的在於保證有秩序的匯總安排和匯率制度的穩定，消除不利於國際貿易發展的外匯管制，避免成員國操縱匯率或採取歧視性匯率政策以謀取不公平的競爭利益。同時，國際貨幣基金組織還為成員國提供進行國際貨幣合作與協商的場所。

2. 融通資金

國際貨幣基金組織的主要活動是向成員國政府、中央銀行或外匯平衡組織提供貸款，貸款的方式是借款成員國以本國貨幣"購買"或"提存"外匯，而不稱為"借款"；還款時，借款成員國用黃金或外匯買回本國貨幣，稱為"贖回"。其主要類型如下：

(1) 普通貸款。普通貸款是國際貨幣基金組織最基本的貸款方式，貸款期限為3~5年，貸款額度最高不超過成員國繳納份額的125%。普通貸款可分為儲備部分貸款和信用部分貸款。

①儲備部分貸款。一個成員國的儲備實際上是該成員國在國際貨幣基金組織中用外匯繳納的部分，由該成員國在其繳納份額的25%以內用自由兌換外匯繳納。對於利用儲備，國際貨幣基金組織不要求成員國提出申請，也無須特殊批準，因此這部分貸款的獲得有充分的保證。

②信用部分貸款。該貸款是儲備部分貸款之上的普通貸款，其最高額度為成員國繳納份額的100%，共分為四檔，每一檔等於繳納份額的25%。貸款額度為成員國繳納

份額的25%以下的稱爲第一檔信用部分貸款，25%～50%之間的稱爲第二檔信用部分貸款，50%～75%之間的稱爲第三檔信用部分貸款，75%～100%之間的稱爲第四檔信用部分貸款。隨著貸款檔次的增加，審批越來越嚴格，利率也逐檔提高。

（2）專門貸款。

①中期貸款又稱擴張貸款，是國際貨幣基金組織於1974年設立的用於解決成員國較長期的國際收支逆差的專項貸款。如果成員國的普通貸款都提完了，仍不能滿足需要，則可動用該項貸款。如果貸款國達不到國際貨幣基金組織的要求，貸款可以停止發放。此項貸款的最高借款額可達成員國份額的140%，期限爲4～10年，備用安排期限爲3年。此項貸款與普通貸款兩項總額不得超過借款國份額的165%。

②補充貸款設立於1979年2月，總計100億美元，是對中期貸款的一種補充。補充貸款主要用於幫助成員國解決持續的巨額國際收支逆差。

③補償與應急貸款設立於1963年，當成員國初級產品出口價格下降，出口收入減少，或谷物進口國因谷物價格上升，進口支付增加，從而發生國際收支困難時，可向國際貨幣基金組織在普通貸款外申請該項貸款。

④緩衝庫存貸款設立於1969年6月，目的在於幫助初級產品出口國穩定出口商品的國際價格。國際緩衝庫存是一些初級產品生產國根據國際商品協定建立一定數量的存貨。當國際市場價格波動時，向市場拋售或買進該項產品以穩定價格，從而穩定出口收入。該項貸款最高可借到成員國份額的45%，期限爲3～5年。

3. 提供培訓諮詢服務

爲了提高成員國專業人員的素質，國際貨幣基金組織還對成員國提供包括培訓、諮詢在內的一系列服務。國際貨幣基金組織幫助成員國組織人員培訓，編輯並出版反應國際經濟及國際金融專題的刊物和書籍；派駐各地的人員積極搜集並反饋世界各國的經濟金融信息；以派出代表團的形式，對成員國提供有關國際收支、財政、貨幣、銀行、外匯、外貿和統計等方面的諮詢和技術援助。

二、世界銀行集團

世界銀行集團是聯合國系統下的多邊發展機構，其宗旨是通過向發展中國家提供中長期資金和智力的支持，來幫助發展中國家實現長期、穩定的經濟發展。世界銀行集團包括五個機構：國際復興開發銀行、國際開發協會、國際金融公司、多邊投資擔保機構和國際投資爭端解決中心。中國是世界銀行創始會員國之一。世界銀行集團的主要職能是促進成員國經濟長期發展，協調南北關係和穩定世界經濟秩序等。從資金構成和法律地位來看，國際開發協會和國際金融公司都是獨立的金融機構，而多邊投資擔保機構和國際投資爭端解決中心則是附屬於世界銀行的非金融機構。因此，一般將世界銀行、國際開發協會和國際金融公司三者並立，視爲重要的全球性的國際金融機構。

(一) 世界銀行 (Word Bank)

1. 概況

世界銀行是國際復興開發銀行 (International Bank for Reconstruction and Development, IBRD) 的簡稱, 是與國際貨幣基金組織同時產生的國際金融組織, 也是屬於聯合國的專門機構。1944年7月, 在美國布雷頓森林舉行的聯合國貨幣金融會議通過了《國際復興開發銀行協定》, 世界銀行於1945年12月27日正式宣告成立, 於1946年6月25日開始營業, 於1947年5月9日批准了第一批貸款——向法國貸款2.5億美元。世界銀行總部設在美國華盛頓, 在巴黎、紐約、日內瓦、東京等地設立了辦事處, 在東非、西非地區和26個發展中國家設常駐代表。只有國際貨幣基金組織的成員國才有權申請加入世界銀行, 世界銀行建立之初只有39個成員國。截至2010年4月, 世界銀行共有186個成員國。

2. 宗旨

作為一個全球性的金融機構, 世界銀行成立初期的宗旨是致力於二戰後歐洲復興, 1948年以後轉向世界性的經濟援助。其宗旨主要表現在以下方面:

(1) 通過對生產事業的投資提供便利, 協助成員國經濟的復興與建設, 鼓勵不發達國家生產和對資源的開發。

(2) 通過保證或參與私人貸款和私人投資的方式, 促進私人對成員國投資。

(3) 用鼓勵國際投資以開發成員國生產資源的方法, 促進國際貿易的長期平衡發展, 維持國際收支平衡。

(4) 配合國際信貸, 提供信貸保證。

3. 組織機構

世界銀行的最高權力機構是理事會, 由每一成員國委派理事和副理事各一名組成, 理事和副理事任期5年, 可以連任。世界銀行的日常事務由執行董事負責, 現有執行董事21人, 任期兩年。其中, 5人是常任執行董事, 由持有股份最多的美國、英國、德國、日本和法國指派; 其他16名董事由其餘成員國按地區聯合推選產生。

世界銀行行長由執行董事會選舉產生, 並兼任執行董事會主席, 任期5年, 可連選連任。行長通常無投票權, 只有在執行董事會表決中雙方票數相等時, 才可投決定性一票。成員國在理事會的投票權同其認繳的股本成正比。每一成員國有250票基本投票權, 此外, 每認繳股金10萬特別提款權增加一票。由於任何重要的決議必須由85%以上的表決權決定, 所以美國擁有絕對否決權。

4. 資金來源

(1) 成員國繳納的股金。各成員國繳納的股金多少是根據其本國的經濟實力, 並參照本國在國際貨幣基金組織所繳納份額的大小而定。成員國的投票權同認繳股金成正比。

(2) 發行債券取得的借款。在國際資本市場上發行中長期債券, 是世界銀行資金來源的主要方面。

(3) 留存的業務淨收益和其他資金來源。世界銀行將歷年業務活動中的營業利潤作爲資金來源之一。由於世界銀行資信卓著，經營得法，其每年利潤都相當可觀。

（4）轉讓債權。世界銀行將貸出款項的債權出讓給私人投資者，主要是商業銀行，收回一部分資金，以增強世界銀行的資金周轉能力。

5. 業務

（1）貸款業務。世界銀行的主要業務活動是通過提供長期生產性貸款幫助成員國復興和發展經濟。

世界銀行發放的是低息貸款，貸款手續嚴密，費時較長，一般需要 1~2 年的時間。獲得貸款需要滿足的條件有：

①貸款必須與特定的工程項目相聯繫，專款專用，並接受世界銀行的監督。

②只有在申請貸款國確實不能以合理的條件從其他來源獲得資金時，世界銀行才考慮發放貸款。

③貸款對象僅限於成員國政府，接受貸款的部門只能是成員國政府或由政府、中央銀行擔保的公司機構。

④貸款必須如期歸還，不能拖欠或改變歸還日期。

世界銀行的貸款種類具體包括：

①具體項目貸款。這是世界銀行貸款業務的主要部分，是指世界銀行對成員國工農業生產、交通、通信以及市政、文教衛生等具體項目所提供的貸款總稱。

②緊急復興貸款，這類貸款主要用於幫助成員國對付自然災害或其他災難所造成的損失。

③技術援助貸款，這類貸款爲投資項目的可行性研究、資源調查、項目設計以及培訓方面的技術援助或完全從事技術援助的項目提供資金。

④結構調整貸款，這類貸款旨在幫助借款國在宏觀經濟、部門經濟和經濟體制等方面進行全面的調整和改革。

⑤部門貸款，包括部門投資貸款和部門調整貸款。

（2）非貸款援助。除提供貸款外，世界銀行還辦理一些其他業務，主要有：

①向成員國提供技術援助。

②提供聯合貸款。

③對成員國的金融服務人員進行培訓。

（二）國際開發協會（International Development Association，IDA）

1. 概況

國際開發協會是專門爲解決低收入國家資金短缺問題而成立的。二戰後，亞非拉發展中國家由於舉借大量外債，每年還本付息負擔沉重，而且二戰後建立的幾個國際金融機構，如國際貨幣基金組織和世界銀行，其貸款條件較嚴，數額也有限，難以幫助貧窮的發展中國家擺脫困境。在這種情況下，世界銀行專家於 1957 年提出成立國際開發協會的建議，該建議於 1959 年 10 月經世界銀行理事會通過。1960 年 9 月 24 日，國際開發協議正式成立，同年 11 月開始營業，會址設在華盛頓，目前擁有 184 個成員國。

國際開發協會是世界銀行的附屬機構，與世界銀行有着相同的組織結構，同樣提供長期資金，在性質上也與世界銀行相似。國際開發協會的正、副理事，正、副執行董事由世界銀行的相應人員兼任，經理、副經理由世界銀行行長、副行長兼任，辦事機構的各部門的負責人也都由世界銀行相應部門的負責人兼任。國際開發協會財務核算獨立，名義上是一個獨立機構。因此，通常將國際復興開發銀行和國際開發協會兩個機構統稱爲世界銀行。

2. 資金來源

（1）成員國認繳的股金。

（2）成員國提供的補充資金。

（3）世界銀行的捐款。

（4）協會本身經營業務的盈餘。

3. 主要業務及特點

國際開發協會的宗旨是以較優惠的條件向低收入發展中國家提供利息負擔較輕的長期貸款，以促進發展中國家經濟的發展、生產和生活水平的提高。

國際開發協會的主要業務活動是向欠發達的發展中國家的公共工程和發展項目，提供比世界銀行貸款條件更優惠的長期貸款。這種貸款又稱開發信貸，其特點如下：

（1）期限長。最初可長達 50 年，寬限期 10 年。1987 年，國際開發協會執行董事會通過決議，將貸款期限劃分爲兩類：一是聯合國確定爲最不發達的國家，信貸期限爲 40 年，包含 10 年寬限期；二是經濟狀況稍好一些的國家，信貸期限爲 35 年，也包含 10 年寬限期。

（2）免收利息。國際開發協會對已撥付的貸款餘額免收利息，只收取 0.75% 的手續費。

（3）信貸償還壓力小。第一類國家在寬限期過後的兩個 10 年每年還本 2%，以後 20 年每年還本 4%；第二類國家在寬限期過後的第二個 10 年每年還本 2.5%，其後 15 年每年還本 5%。由於國際開發協會的貸款基本上都是免息的，故稱爲軟貸款，而條件較爲嚴格的世界銀行貸款，則稱爲硬貸款。

（三）國際金融公司（International Finance Corporation，IFC）

1. 概況

國際金融公司是世界銀行私營部門機構，具有獨立的法人地位。國際金融公司於 1956 年 7 月正式成立，總部設於華盛頓，目前共有 182 個成員國。

國際金融公司是全球性投資機構和諮詢機構，旨在促進發展中成員國的可持續性項目，使其在經濟上具有效益，在財務和商業上具有穩健性，在環境和社會方面具有可持續性。

中國於 1980 年 5 月恢復了在國際金融公司的合法席位，目前是國際金融公司投資增長最快的國家之一。在 2006 財政年度，國際金融公司共向中國 24 個項目承諾投資 638 億美元。從 1985 年批準第一個項目起，至 2006 年 6 月 30 日，國際金融公司在中國共投資了 115 個項目，並爲這些項目提供了 28.6 億美元的資金。

2. 組織機構

國際金融公司的權力機構是理事會，執行機構是執行董事會。由於國際金融公司是世界銀行的附屬機構，其正、副理事，正、副執行董事分別由世界銀行的正、副理事，正、副執行董事兼任，國際金融公司總經理由世界銀行行長兼任。國際金融公司協定規定，只有世界銀行的成員國才能成為國際金融公司的成員國。

3. 資金來源

(1) 成員國繳納的股金。

(2) 從世界銀行和其他途徑借入的資本金。

(3) 利潤積累與股本轉讓。

4. 業務

國際金融公司的宗旨是向成員國特別是其中的發展中國家的重點私人企業提供無須政府擔保的貸款或投資，以推動這些國家的私人企業的成長，促進其經濟發展。國際金融公司的主要業務如下：

(1) 貸款業務。貸款對象主要是亞洲、非洲和拉丁美洲的不發達國家。貸款的部門主要為製造業、加工業和開採業，如鋼鐵、建築材料、紡織、採礦、化工、能源、木材、造紙及旅遊等非金融服務業。貸款期限一般為 7～15 年，貸款的利息根據資金投放的風險和預期的收益等因素決定，一般為年利 6%～7%，有時高達 10%，有的還要參加借款企業的分紅。

(2) 投資業務。國際金融公司投資的標準是投資項目必須對所在國的經濟有利；必須有盈利前景，並且無法以合理調節得到足夠的私人資本。同時，國際金融公司的投資還要考慮政府的所有權和企業的控制程度、企業性質和管理效率等。國際金融公司的投資額一般不超過私人企業註冊資本的 25%，最低只有 2%。

(四) 多邊投資擔保機構 (Multilateral Investment Guarantee Agency, MIGA)

1. 概況

多邊投資擔保機構成立於 1988 年 6 月 8 日，是世界銀行集團的新成員，宗旨是鼓勵在其成員國之間，尤其是向發展中國家成員融通生產性資金，以補充世界銀行、國際金融公司和其他國際金融機構的活動。在項目方面，該機構已提供 71 億多美元的擔保，涉及 75 個發展中國家的投資項目。自 1988 年起，多邊投資擔保機構已幫助約 36 億美元的外國直接投資流入全球各個新興國家。

2. 組織機構

多邊投資擔保機構設理事會、董事會、總裁和職員，以履行機構所在地確定的職責。多邊投資擔保機構的理事會是其最高權力機構。理事會由每一成員國按其自行確定的方式指派的理事及副理事各一人組成。理事會每年舉行一次年會，除另有規定外，理事會的決定均有實投票數的多數票通過。董事會負責機構的一般業務，由不少於 12 名董事組成。世界銀行行長為董事會主席，除在雙方票數相等時特設一決定票外，無投票權。多邊投資機構的總裁在董事會的監督下，處理機構的日常事務，負責職員的組織、任命和辭退。總裁由董事會主席提名，由董事會任命。理事會決定總裁的薪金和任期條件。

3. 業務

(1) 承保非商業險風險，包括貨幣匯兌險、徵用險、違約險、戰爭和內亂險、其他非商業風險等。

(2) 提供促進性和諮詢性服務。多邊投資擔保機構主要提供以下幾類服務：投資促進會議、外國投資政策圓桌會議、執行發展計劃、外國直接投資法律框架諮詢服務。

(五) 解決投資爭端國際中心（International Center for Settlement of Investment Disputes, ICSID）

解決投資爭端國際中心成立於1966年，是世界銀行集團的一個投資促進機構，共有129個成員國。解決投資爭端國際中心是根據1966年10月正式生效的《關於解決國家和其他國家國民投資爭端公約》（《華盛頓公約》）成立的國際組織，其辦公地點設在美國華盛頓的世界銀行內。

第三節 區域性國際金融機構

20世紀60年代以來，亞洲、非洲、美洲和歐洲地區的一些國家，通過互相合作的方式建立了本地區的多邊金融機構，以適應地區經濟發展和國際投資的需求。這些區域性的國際金融組織，為發展成員方的經濟起到了重要作用。

一、國際清算銀行（Bank for International Settlement, BIS）

(一) 概況

國際清算銀行由英、法、德、意、比、日等國的中央銀行與代表美國銀行界利益的摩根銀行、紐約和芝加哥的花旗銀行組成的銀團，根據《海牙國際協定》於1930年5月共同組建，總部設在瑞士的巴塞爾。國際清算銀行是除國際貨幣基金組織和世界銀行集團之外的最重要的國際金融機構，剛建立時只有7個成員方，現已發展至擁有54個成員方。國際清算銀行最初創辦的目的是處理第一次世界大戰後德國的賠付及其有關的清算等業務問題。

1944年，根據布雷頓森林會議的決議，國際清算銀行的使命已經完成，應當解散，但美國仍把它保留下來，作為國際貨幣基金組織和世界銀行的附屬機構。二戰後，國際清算銀行成為經濟合作與發展組織成員方之間的結算機構。其宗旨也逐漸轉變為促進各國重要銀行之間的合作，為國際金融業務提供便利，並接受委託或作為代理人辦理清算業務等，國際清算銀行實際成為西方中央銀行的銀行。

1996年9月，國際清算銀行決定接受中國、印度、韓國、新加坡、巴西、墨西哥、俄羅斯、沙特阿拉伯和中國香港9個國家和地區的中央銀行或行使中央銀行職能的機構為其成員。

(二）組織機構

國際清算銀行是以股份公司的形式建立的，其組織機構包括股東大會、董事會和辦事機構。

1. 股東大會

股東大會是國際清算銀行的最高權力機構，每年 6 月在巴塞爾舉行一次，由認購該行股票的各成員方中央銀行或行使中央銀行職能的機構派代表參加。股東大會審查通過年度決算、資產負債表、損益表和紅利分配辦法。股東大會的投票權根據認股數按比例分配。在決定修改銀行章程、增加或減少銀行資本、解散銀行等事項時，國際清算銀行將召開特別股東大會。

2. 董事會

董事會是國際清算銀行的實際領導機構，由 13 名董事組成。比利時、德國、法國、英國、義大利和美國的中央銀行行長是董事會的董事，各自任命 1 名本國工商和金融界的代表擔任董事，此外董事會以 2/3 的多數通過選舉出其他董事，最多不超過 9 名。董事會成員選舉董事會主席，並任命國際清算銀行行長。

3. 辦事機構

國際清算銀行下設銀行部、貨幣經濟部、法律處和秘書處等辦事機構。

(三）資金來源

(1) 成員方認繳的股本。
(2) 借款。
(3) 吸收存款。

(四）主要業務

(1) 處理國際清算事務。
(2) 辦理或代理有關銀行業務。
(3) 定期舉辦中央銀行行長會議。

二、亞洲開發銀行（Asian Development Band，ADB）

(一）概況

亞洲開發銀行是亞洲和太平洋地區的區域性金融機構，於 1966 年 11 月正式建立，總部設在菲律賓首都馬尼拉，同年 12 月開始營業。亞洲開發銀行建立時有 34 個成員方，之後其成員方不斷增加，凡是亞洲及遠東經濟委員會的成員或準成員，亞太地區其他國家和地區以及該地區以外的聯合國及所屬機構的成員均可參加。亞洲開發銀行不是聯合國的下屬機構，但它是聯合國亞洲及太平洋經濟社會委員會贊助建立的機構，同聯合國及其區域和專門機構有密切的聯繫。

亞洲開發銀行的戰略目標是：通過提供貸款和股本投資，促進發展中成員經濟的增長和社會進步；通過提供技術援助、開展貸款政策性對話，加強發展中成員決策機構的能力，促進經濟向市場化轉軌，改善投資環境；進一步增加聯合融資，促進私有資本向發展中成員流入。

(二) 組織機構

亞洲開發銀行的最高決策機構是理事會，由每個國家指定一名理事和一名副理事組成。它主要負責接納新成員、變動銀行資本、選舉董事會和行長及修改章程等。董事會負責總管銀行的日常經營活動，執行董事會授予的權力。董事會由理事會選舉的12名董事組成，其中亞太地區代表8名，非本地區的代表4名，董事任期兩年，可連選連任。銀行行長由理事會選舉產生並擔任董事會主席。

(三) 資金來源

1. 普通資金。普通資金由成員方認繳的股本、向國際金融市場的借款和淨收益等組成。
2. 開發基金。開發基金主要來自發達成員方或地區成員的捐贈。
3. 技術援助特別基金。
4. 日本特別基金。

(四) 主要業務

亞洲開發銀行的宗旨是向其成員方或地區成員提供貸款和技術援助，幫助協調成員方或地區成員在經濟、貿易和發展方面的政策，同聯合國及其專門機構進行合作，以促進亞洲地區的經濟發展。主要業務有：

1. 貸款業務

根據貸款條件不同，可分爲硬貸款、軟貸款和贈款三類。硬貸款的貸款利率爲浮動利率，每半年調整一次，貸款期限爲10-30年（2-7年寬限期）。軟貸款也就是優惠貸款，只提供給人均國民收入低於670美元且還款能力有限的成員方或地區成員，貸款期限爲40年，並有10年寬限期。貸款不收利息，僅收1%的手續費。贈款用於技術援助，資金由技術援助特別基金提供，贈款額沒有限制。亞洲開發銀行的貸款方式包括項目貸款、規劃貸款、綜合項目貸款和開發金融機構貸款。

2. 技術援助

技術援助是亞洲開發銀行的重要業務，主要包括項目準備技術援助、項目執行技術援助、諮詢性技術服務和區域活動技術援助。

三、非洲開發銀行（African Development Bank，AfDB）

(一) 概況

非洲開發銀行於1964年正式成立，於1966年7月1日開業，總部設在科特迪瓦的經濟中心阿比讓。2002年，非洲開發銀行臨時搬遷至突尼斯至今。非洲開發銀行是非洲最大的地區性政府間開發金融機構，最初只有除南非以外的非洲國家才能加入，後來非洲以外的國家也能加入。1985年5月我國也加入了非洲開發銀行。爲了保證非洲開發銀行的非洲特色，該行規定領導權由非洲國家掌握，行長必須由非洲人擔任，行址永設非洲，非洲國家至少控制銀行資本的66%。

(二) 組織機構

理事會是非洲開發銀行的最高決策機構，由各成員國委派一名理事組成，一般為成員國的財政和經濟部長，通常每年舉行一次會議，必要時可舉行特別理事會，討論制定非洲開發銀行的業務方針和政策，決定非洲開發銀行的重大事項，並負責處理非洲開發銀行的組織和日常業務。理事會年會負責選舉行長和秘書長，董事會由理事會選舉產生，是非洲開發銀行的執行機構，負責制定非洲開發銀行各項業務政策。董事會共有18名執行董事，其中非洲以外國家占6名，任期3年，一般每月舉行兩次會議。

(三) 資金來源

(1) 普通資金。

(2) 特別資金。

(四) 主要業務

非洲開發銀行的宗旨是通過提供投資和貸款，利用非洲大陸的人力和資源，促進成員國經濟發展和社會進步，優先向有利於地區的經濟合作和擴大成員國間貿易的項目提供資金和技術援助，幫助成員國研究、制定、協調和執行經濟發展計劃，以逐步實現非洲經濟一體化。經營業務主要分為普通業務和特別業務兩種，普通業務是非洲開發銀行普通資本基金提供貸款和擔保的業務，特別業務是非洲開發銀行規定專門用途的"特別基金"開展的貸款業務，其條件較為優惠。非洲開發銀行貸款主要用於公用事業、交通運輸、農業、銀行和社會部門。

四、其他區域性國際金融組織

(一) 歐洲投資銀行 (European Investment Bank, EIB)

歐洲投資銀行是歐共體成員國合資經營的金融機構。該行根據1957年《羅馬條約》的規定，於1958年1月1日成立，於1959年正式開業，總行設在盧森堡。歐洲投資銀行不以營利為目的，其業務重點是對歐共體內落後地區興建的項目、對有助於促進工業現代化的結構改革的計劃和有利於歐共體或幾個成員國的項目提供長期貸款或保證，也對歐共體以外的地區輸出資本，但貸款興建的項目必須對歐共體有特殊意義，並要經該行總裁委員會特別批準。

歐洲投資銀行的主要業務是吸收資金，為歐共體國家的地區發展、能源開發、興建公共設施和改造老企業提供貸款。該行還受歐共體其他組織機構的委託，通過發行債券在資本市場籌資，並代為管理上述信貸資金。

(二) 西非開發銀行 (West African Development Bank, WADB)

西非開發銀行是西非經濟貨幣聯盟 (West African Economic and Monetary Union, WAEMU) 的一個下屬機構，成立於1973年，總部設在多哥首都洛美，旨在促進成員國經濟平衡發展和西非經濟一體化進程。

該行的成員分爲 A 類和 B 類，A 類爲西非經濟貨幣聯盟成員及西非國家中央銀行，B 類爲非西非經濟貨幣聯盟成員的國家、國際機構和政府機構。2004 年 10 月，西非經濟貨幣聯盟特別首腦會議作出接納中國入股西非開發銀行的決議，中國認購股本 160 股，占總股本的 1.23%。

(三) 泛美開發銀行 (Inter-American Development Bank, IADB)

泛美開發銀行主要由美洲國家組成，是向拉丁美洲提供信貸資金的區域性金融組織。1960 年 10 月 1 日，泛美開發銀行正式開業，行址設在華盛頓，創始成員國有 21 個，包括 20 個拉丁美洲國家和美國。截至 2009 年 1 月，泛美開發銀行成員國共 48 個，其中美洲成員國 27 個，美洲以外的成員國 21 個。2009 年 1 月 12 日，中國正式加入泛美開發銀行。

泛美開發銀行是世界上歷史最悠久、規模最大的區域性政府間開發金融機構，其宗旨是集中美洲內外資金向成員國政府及公、私團體的經濟和社會發展項目提供貸款或對成員國提供技術援助，以促進拉丁美洲國家的經濟發展與合作。

(四) 阿拉伯貨幣基金組織 (Arab Monetary Fund, AMF)

阿拉伯貨幣基金組織是阿拉伯國家平衡國際收支、促進阿拉伯國家經濟一體化的區域性金融組織。該組織於 1977 年 4 月在阿拉伯聯合酋長國首都阿布扎比正式成立，其宗旨是向阿拉伯國家聯盟成員國中國際收支有困難的國家提供援助；向有財政赤字的國家提供優惠貸款；使所有成員國獲得經濟和社會的均衡發展；增加阿拉伯國家的財源，實現阿拉伯國家的經濟一體化。

(五) 亞洲基礎設施投資銀行 (Asian Infrastructure Investment Bank, AIIB)

亞洲基礎設施投資銀行（亞投行）是一個政府間性質的亞洲區域多邊開發機構，重點支持基礎設施建設，總部設在北京。亞投行法定資本 1000 億美元。2013 年 10 月 2 日，中國國家主席習近平提出籌建亞投行倡議。2014 年 10 月 24 日，包括中國、印度、新加坡等在內 21 個首批意向創始成員國的財長和授權代表在北京簽約，共同決定成立亞洲基礎設施投資銀行。2015 年 3 月 12 日，英國正式申請加入亞投行，成爲首個申請加入亞投行的主要西方國家。

本章小結

國際貨幣基金組織是聯合國系統的一個專業機構，是全球性國際金融組織，在加強國際經濟和金融合作、維持國際經濟秩序穩定方面發揮了重要作用。

國際金融組織分爲全球性金融組織和區域性金融組織。

復習思考題

1. 試比較國際貨幣基金組織與世界銀行的基本職能與業務活動。
2. 世界銀行、國際開發協會、國際金融公司的貸款對象和條件有什麼不同？
3. 國際清算銀行的主要職能是什麼？
4. 試分析亞洲開發銀行的資金來源與業務活動。
5. 試比較歐洲投資銀行與非洲開發銀行的貸款業務。

實訓操作

通過互聯網搜索我國近年來從各種國際金融組織獲得的優惠貸款。

第八章　國際資本流動

學習目標

- 理解國際資本流動的含義、類型、特點
- 明確國際資本流動對一國經濟和世界經濟帶來的利益與風險
- 掌握發展中國家債務危機的形成原因及解決辦法
- 理解國際資本流動對我國利用外資、對外投資的影響和應對辦法

專業術語

國際資本流動　　直接投資　　間接投資　　資本管理　　外匯管理　　外債管理

案例導入

　　國際資本流動的增長速度超過國際商品和勞務貿易的增長速度，是當今世界經濟發展的重要特徵。美國和日本的外用直接投資狀況更爲顯著。

　　美國：從20世紀70年代以來，在美國的外國直接投資一直呈上升趨勢。美國引進的外國直接投資在整個20世紀70年代爲1 340億美元，到20世紀90年代僅前5年就達到3 120億美元（以1992年不變價格計算），從占國内生產總值的0.32%提高到0.69%。對美國的外國直接投資大多來自歐洲和加拿大。1996年，美國的外國直接投資有2/3來自歐洲。歐洲公司投資美國東海岸各州的部分原因是距其公司總部較近，並且距勞動密集型市場較近，從而有利於獲取更高的壟斷利潤。

　　日本：二戰後，在經濟恢復時期，20世紀60年代後期至20世紀70年代初和1985年日本曾出現過三次"外資企業高潮"。但在20世紀80年代後期的泡沫經濟崩潰之後，外資企業呈波動式急劇下滑趨勢，1991年外資投資額爲43億美元，1992年外資投資額爲40億美元，1995年外資投資額降至38億美元左右。進入1996年度後，一度冷淡下來的對日投資再度膨脹，直接投資額接近68億美元。按美元計算，該年度的對日直接投資額，比1995年度增加78.5%；按日元計算，增加108.5%。到1998年11月，累積投資以日元計算估計比1997年增長3.2倍。雖然日本對外直接投資下降11%，但1999年外國對日本市場投資卻很活躍，外國企業的對日直接投資是1998年的3.4倍，達1.4萬億日元，首次突破1萬億日元。外國對日本的直接投資新動向是由以下原因導致的：日本的市場規模和收入水平在世界上仍居最高行列；日本市場規模達4.2萬億美元；日本人均國民生產總值爲333 319美元，比美國高出約10%。這就使日本對新一代產品的購買力強，正好滿足先進工業化國家對投資市場的要求。此外，外資進入的

障礙因素在減少。例如，日本的經濟地位以前很高，但從泡沫經濟破滅以後，其經濟地位大幅度下跌。20世紀90年代以後，在經濟長期蕭條、政府多次發動刺激政策收效甚微的情況下，日本政府考慮放鬆規制，爲外資進入日本和在日外資企業擴大再投資提供了比以往更寬鬆的政策環境。

【啓示】國際資本流動是世界政治經濟發展的必然結果；西方國家在國際直接投資中仍占據主導地位。

資本跨國大規模流動是近年來國際金融市場的重要現象，特別是國際資本在發達國家與新興市場國家之間的流動更爲普遍。大量的資本流動在給資本匱乏國帶來發展機會的同時，也隱含着巨大的經濟和金融市場波動風險。因此，合理利用外國資本，促進資本的合理流動是世界各國共同面臨的重要課題。

第一節　國際資本流動概述

一、國際資本流動的含義

國際資本流動（Capital Movements）是指資本在國際上的轉移或資本跨越國界的移動過程。國際資本流動是由於各國爲了某種經濟目的進行國際經濟交易而產生的。一個國家的國際收支平衡表中的資本和金融帳户，反應着這個國家在一定時期內同其他國家或地區間的資本流動綜合情況。

國際資本流動主要涉及資本流動方向，包括流入和流出及流向何處；資本流動規模，包括總額和淨額；資本流動種類，包括長期和短期；資本流動性質，包括政府和私人；資本流動方式，包括投資和貸款等。

二、國際資本流動的類型

根據期限不同，國際資本流動分爲：

(一) 短期資本流動

短期資本流動指期限在一年及一年以下資本的流入和流出，具有複雜性、投機性和市場性等特點。其主要形式如下：

（1）貿易性資本流動，即國際貿易往來引起的貨幣資本在國際上的轉移，包括信用放款、抵押放款和票據貼現等。

（2）金融性資本流動，即各國經營外匯業務的金融機構由於相互之間的資金往來引起的資本在國際上的轉移，包括套期、頭寸調撥和同業拆借等。

（3）保值性資本流動，即爲避免利率、匯率等波動帶來損失而進行的保值活動所引起的資本在國際上的轉移。

（4）投機性資本流動，即爲賺取利潤進行投資活動而引起的資本在國際上的轉移，如套利、套匯等。

(二) 長期資本流動

長期資本流動指期限在一年以上的資本的流入和流出，主要包括國際直接投資、一年期以上的國際證券投資和中長期國際貸款。

1. 國際直接投資（Direct Investment）

國際直接投資指一個國家的居民直接在另一個國家的投資，並對所投資企業有經營管理控制權。本國在外國的直接投資是資本輸出，外國在本國的直接投資是資本流入。國際直接投資的主要形式如下：

（1）開辦新企業，即綠地投資（Greenfield Investment），包括設立分支機構、附屬機構、子公司或同別國資本創辦合資企業，或者收買現有的外國企業。對新企業，特別是對分支機構和合資企業的投資，可以不限於貨幣資本，機器、設備或存貨都可以作為投資資本。

（2）收買並擁有外國企業的股權達到一定的比例。例如，美國政府規定，外國公司購買一家企業的股票超過10%便屬於直接投資；日本則規定該比例為20%。

（3）保留利潤額的再投資（Reinvestment），即投資國在其國外企業獲得的利潤並不匯回本國，而作為保留利潤對該企業進行再投資。

（4）BOT投資，即建設—經營—轉讓（Build-Operate-Transfer），指東道國政府與投資國政府或跨國公司簽訂協議，授權投資者自己融資，在東道國建設某項基礎設施，並在一段時間內經營該設施，在收回投資和規定的利潤後，將所有權和經營權轉讓給東道國政府。與BOT類似的方式有BOOT（建設—擁有—經營—轉讓，Build-Own-Operate-Transfer）和BOO（建設—擁有—經營，Build-Own-Operate）。這三種方式私營化程度依次遞增。

2. 國際證券投資（Portfolio Investment）

國際證券投資也稱間接投資，是指一國投資者通過購買外幣有價證券而進行的投資活動。證券市場的投資者，可以是政府、企業或個人，籌資者可以是政府、企業以及國際金融機構。國際證券投資主要包括股票投資和債券投資。

3. 中長期國際貸款

中長期國際貸款指各國政府、國際銀行或其他國際金融機構之間單方面或相互提供的中長期貸款。國際貸款主要包括政府貸款、國際金融機構貸款和國際銀行貸款三種形式。

三、國際資本流動的原因

資本在國際上流動的根本原因是各國的資本收益率不同，資本會從低收益率的國家或地區流向高收益率的國家或地區轉移。具體而言，國際資本流動的原因可以從資本的輸出與輸入兩方面加以分析。

(一) 國際資本輸出的原因

在資本輸出方面，追求高收益率以及規避風險是其主要原因。

1. 利潤驅動

追逐利潤是資本運動的內在動力，若一國國內投資的利潤率低於其他國家，就會引起資本流出；反之，則會引起資本流入。當前，新興市場國家吸引了大量的國際資本流動，其主要動機是看中了這些國家較高的利潤率。

2. 規避風險

投資者在進行國際投資時，不僅要考慮在一國投資的利潤率，還要考慮其面臨的風險。若一個國家的利潤率很高，但投資風險也很高，那麼投資者非但不會把資本投入到該國，反而還要減少甚至調出對該國投入的資本。影響一國風險的因素主要有政治風險、經濟風險以及戰爭風險。政治風險主要是指由於政變、罷工或者政策改變等政治因素而引起的遭受損失的可能性。經濟風險主要是指由於一國經濟環境的變化而給投資者帶來損失的可能性。戰爭風險主要是指一國可能或已經爆發戰爭而給資本流動帶來影響的可能性。

3. 國際惡性投機

惡性投機是指投資者出於盈利目的或政治目的為打壓一種貨幣而搶購另一種貨幣的行為。這會導致資本的大規模外逃，導致一國的經濟衰退。1997年的東南亞金融危機，就是美國投機家索羅斯控制的量子基金作祟，其大規模投機東南亞國家貨幣貶值，從而引發了整個地區金融市場的動盪。

(二) 國際資本輸入的原因

在資本輸入方面，彌補國際收支逆差、緩解國內資金短缺而利用外資和引進國外先進技術是其主要原因。

1. 彌補國際收支逆差

國際資本流動與國際收支差額有著重要的聯繫，很多國家利用國際資本流動來調節國際收支。當國際收支出現逆差時，可以通過資本輸入進行暫時性彌補。一方面，通過建立外向型企業進行資本輸入，實現進口替代和出口導向，從而促進出口，緩解國際收支逆差的局面；另一方面，可以通過借款作為彌補國際收支差額的來源。

2. 利用外資策略的實施

各國在經濟發展的過程中都會遇到資金不足的問題，尤其是發展中國家。為了解決資金短缺的問題，各國都會不同程度地吸引外資。各國通過開放市場、稅收優惠等措施吸引外資投入，從而引進國際資本的流動。

3. 引進國外先進技術

發展中國家為發展本國經濟，會通過政策優惠來吸引從發達國家引進先進技術設備。通常情況下，當資本從一國流向另一國時，也會伴隨先進技術的轉移。這是由於國際資本流動的主要形式——國際直接投資往往包括技術入股、技術轉讓等。

四、國際資本流動的經濟影響

（一）對世界經濟的影響

　　1. 增加世界經濟的總產出和總利潤

　　資本在國際上進行轉移意味著資本輸出國在資本輸入國創造的產值會大於資本輸出國因資本流出而減少的總產值。國際資本流動不僅調節了世界範圍內的資本分布與使用的不均衡，而且也加強了世界各國之間的經濟聯繫、經濟依存和經濟合作關係，使國家分工在世界範圍內充分展開，從而使世界經濟獲得進一步發展。

　　2. 推動國際金融市場發展

　　資本在國際上的轉移，促進了金融業尤其是銀行業在世界範圍內的廣泛發展。銀行網路遍布全球，同時也促進了跨國銀行的發展與國際金融中心的建立。這些都為國際金融市場一體化奠定了基礎。

　　3. 加劇國際金融市場的不穩定性

　　國際資本自由流動為投機者提供了更多的投機機會，特別是具有極強投機性的短期國際資本流動。利用國際金融市場的匯率、金融資產價格的波動進行頻繁的投機活動，會造成匯率和其他金融資產價格的劇烈波動，從而增加國際金融市場的不穩定性。

　　4. 拉大各國經濟發展水平的差距

　　資本與金融帳戶的開放使經濟實力弱、競爭力差的國家更容易受到衝擊，而經濟實力強大的國家則更容易獲取利益。這樣就會逐漸加大世界兩極分化的程度，不利於世界經濟的穩定和平衡發展。

（二）對一國經濟的影響

　　1. 對資本輸入國的影響

　　吸收外資能促進輸入國的經濟發展和技術進步。其積極影響表現如下：

　　（1）資本輸入能夠緩解國際收支逆差。資本輸入國通過引進先進技術，能夠提高本國商品的國際競爭力，從而帶動其商品的出口並增加外匯收入，緩解國際收支逆差的局面。

　　（2）引進先進技術。資本輸出國常常通過技術轉讓、技術入股等方式向資本輸入國提供較為先進的技術和設備來增加其利潤，這會促進資本輸入國國內產業結構的更新換代以及新興產業的發展。

　　（3）緩解資金短缺。鼓勵外資流入可以緩解資本輸入國投資不足，促進其經濟發展。

　　（4）促進就業。通過資金、技術、設備等外資流入，可以為資本輸入國擴大就業市場，創造更多的就業機會。

　　其消極影響表現如下：

　　（1）過多的引入外資會衝擊本國產業，搶占本國市場。資本輸出國往往為跨越貿易壁壘通過資本投入的方式進入資本輸入國，使其民族產業受到打擊，發展受限。

　　（2）資本輸入國如果過多地進行國際貸款或發行國際債券，會使本國陷入債務危機。

2. 對資本輸出國的影響

對外進行資本輸出能展示資本輸出國的經濟實力，擴大其國際影響力。其積極影響表現如下：

（1）促進資本輸出國商品出口。一方面，資本輸出國不僅可以將本國設備等作爲資本進行對外投資，還可以在被投資企業中使用本國原材料及半成品，依靠投資拉動本國商品出口，提高本國商品在國外的影響力和市場占有率。另一方面，資本輸出國通過對外直接投資的方式將資本、設備、技術等投入到外國，就可以跨越貿易壁壘，促進資本輸出國商品的出口。

（2）有利於資本輸出國擴大商品市場。通過直接投資方式在其他國家開辦企業，資本輸出國可以利用其他國家的資源擴大生產，拓寬其產品市場。

過度的資本輸出也會給資本輸出國帶來消極影響。其消極影響表現如下：

（1）對外投資會減少資本輸出國的國內投資和就業機會，影響其國內的經濟發展和市場穩定。

（2）有可能使資本輸出國產生更多的國際競爭對手，影響其產品市場的進一步擴大。

（3）被投資國經濟環境的變化使資本輸出國面臨投入資本遭受損失的風險。

第二節　國際資本流動管理

布雷頓森林體系解體後，一些發達國家開始放寬對資本流動的管理。隨後，一些發展中國家也開始開放其資本帳户及資本市場，國際資本流動隨之呈現出不斷加速的趨勢。國際資本在世界範圍內的自由流動，一方面給國際收支逆差國帶來了彌補逆差的機會，另一方面也使很多國家陷入了債務危機的困境中。因此，對國際資本流動進行有效管理成爲各國政府關註的問題。

一、國際資本流動管理概述

（一）資本管理

資本管理是對資本帳户交易額進行限制，包括限制資本流動的數量以及對資本流動徵稅。其主要表現如下：

（1）對居民國外直接投資或非居民的國內直接投資的管理，主要包括利潤和本金的匯回約束、稅收標準差異和所持股份的數量限制等。

（2）證券投資管理，主要包括對居民國外發行和購買證券或非居民國內發行和購買證券的限制，也包括對紅利和資本所得的匯回及居民和非居民之間的資金轉移限制等。

（3）居民和公司國外債務交易的管理，主要包括對外債務限額控制、對所累積的外部債務進行徵稅或由管理當局進行審批等措施。

(4) 存款帳戶管理，主要包括對居民和非居民在本地的外匯存款、居民在國外的本幣存款及非居民的本幣存款等進行開戶限制和金額約束等措施。

(5) 其他資本帳戶的管理，主要包括對不動產交易、移民津貼限制和其他形式的資本轉移的限制等。

(二) 外匯管理

外匯管理指對外匯兌換施行的限制性措施，主要是針對貨幣兌換、外匯資金的收入和使用及匯率種類進行管理。發達國家一般外匯管理較鬆，而發展中國家往往外匯管理較嚴。

貨幣兌換管理是最常見的外匯管理形式，是指對本國貨幣與外國貨幣兌換或交易的限制。

外匯資金的收入和使用管理包括強制結匯制度、有條件售匯制度及對金融機構開展外匯相關業務的限制等。

對外匯種類的管理是指實行單一匯率、雙重匯率或多重匯率。一國為擴大貿易收支、鼓勵出口、限制外匯流出，可能同時採用不同水平的貿易匯率和金融匯率。

外匯管理是一國進行國際資本流動管理的重要手段，可以通過有效的外匯管理達到改善國際收支狀況、穩定本幣匯率、較少匯率風險和穩定金融市場的積極作用。但外匯管理也會產生一些消極影響，如造成匯率扭曲、降低資源配置的效率、催生地下經濟的發展、不利於經濟的長期穩定等。

(三) 外債管理

外債是指任何特定時間內，一國居民對非居民承擔的具有契約性償還責任的債務，包括償還本金和支付利息。外債主要包括官方債務、企業債務和民間債務。其中，官方債務又包括主權債務與政府債務。國際上用來衡量一國外債水平的指標主要如下：

(1) 負債率，即當年未清償外債餘額與當年國民生產總值比率。20%為控制外債總量和結構的警戒線。負債率公式如下：

負債率＝(當年未清償外債餘額/當年國民生產總值)×100%　　　　(公式 8.1)

(2) 債務率，即指當年未清償外債餘額與當年商品勞務出口總額的比率。100%為其警戒線。債務率公式如下：

債務率＝(當年未清償外債餘額/當年商品勞務出口總額)×100%　　　　(公式 8.2)

(3) 償債率，即當年外債還本付息總額與當年商品勞務出口總額的比率。25%為其警戒線。償債率公式如下：

償債率＝(當年外債還本付息總額/當年商品勞務出口總額)×100%　　　　(公式 8.3)

(4) 短期債務比率，即當年外債餘額中，1年和1年以下短期債務所占的比重。25%為其警戒線。短期債務比率公式如下：

短期債務比率＝(短期外債餘額/當年未清償外債餘額)×100%　　　　(公式 8.4)

如果有關指標處於警戒線以下時，說明外債是適度的；相反，如果外債有關指標超過警戒線，那麼一國就要相應調整其外債總量及結構。

二、外債危機產生的原因

外債管理主要包括對債務規模的管理和結構的管理。其中，規模的管理直接影響到償債能力的實現。當一國的外債規模超過其償付能力時，就會出現外債危機。

外債危機是指一國不能按時償還其國外債務導致相關國家和地區甚至國際金融市場動盪的一種金融危機。

（一）外部原因

1. 國際金融市場美元利率和匯率上浮

國際金融市場利率提高會增加債務國的債務成本。發展中國家的借款主要由商業銀行以美元形式提供，因此美元利率和匯率的增加都會對這些國家償債造成巨大的負擔。

2. 國際商業銀行貸款政策變化

20世紀70年代初期，美國國內的擴張性貨幣政策和持續性的國際收支赤字，使大量美元流向國外，促進了歐洲美元市場的發展。1982年以後，國際貸款的風險增大，商業銀行隨即大幅減少了對發展中國家的貸款，這使得發展中國家借新債還舊債的運作模式遇到周轉困難，對國際債務危機的形成和發展起了推波助瀾的作用。

（二）內部原因

1. 外債規模過度擴張

外債作為建設資金的一種來源，需要確定一個適當的借入規模。一般把償債率作為控制債務的標準，一國的出口創匯能力決定了其外債清償力。因此，舉借外債的規模要受制於償還能力，即出口創匯能力。如果債務增長率持續高於出口增長率，就說明國際資本運動在使用及償還環節上存在着嚴重問題。

2. 外債結構不合理

（1）商業貸款比重過大。商業貸款期限一般較短，而且在經濟局勢較好時，國際銀行願意不斷地貸款，借債國家就可以不斷地通過借新債還舊債來"滾動"發展。但在經濟發展中一旦出現某些不穩定因素，如政府的財政赤字過大、巨額貿易逆差或政局不穩等使市場參與者失去信心，外匯儲備不足以償付到期外債時，銀行就不願新增貸款了。

（2）外債幣種過於集中。如果一國外債集中於一兩種幣種，匯率風險就會變大，一旦該外幣升值，則外債價值就會增加，增加負債國的償債負擔。

（3）期限結構不合理。如果短期外債比重過大，超過國際警戒線，或未合理安排償債期限，都會造成償債時間集中，若流動性不足以支付到期外債，就會爆發危機。

3. 外債使用不當

許多債務國在大量舉債後，沒有根據投資額、償債期限、項目創匯率以及宏觀經濟發展速度和目標等因素綜合考慮，未能制定出外債使用方向和償債戰略，急於盲目從事大工程建設。由於這類項目耗資多、工期長，短期內很難形成生產能力，無法創造出足夠的外匯，造成債務積累加速。

三、外債危機解決方案

(一) 債務重新安排

當一國無力償還外債時，可以與債權人協商要求將債務重新安排。這樣一方面債務國可以有機會渡過難關，重整經濟；另一方面債權人也有希望收回貸出的本金和應得的利息。其主要解決途徑如下：

1. 官方債務重新安排

"巴黎俱樂部"負責官方債務重新安排，幫助要求債務重新安排的債務國和各債權政府，一起協商尋求解決的辦法。通常，參加"巴黎俱樂部"的債務國，要先接受國際貨幣基金組織的經濟調整計劃，然後才能向會議主席提出債務重新安排會議。獲得重新安排的借款只限於政府的直接借款和由政府擔保的各種中期、長期借款，短期借款很少獲得重新安排。典型的重新安排協議條款包括將現在所有借款的80%～100%延長時間償還，通常有4～5年的寬限期，然後分8～10年時間償還。至於利率方面，會議不做明確規定，而由各債權國與債務國協商。

2. 商業銀行債務重新安排

商業貸款的債權銀行數目可能十分龐大，每家銀行自然都會盡最大努力去爭取自己的利益，因此商業銀行債務重新安排在某種意義上比官方債務重新安排更複雜。商業銀行主要對本期或一年內到期的長期債務重新安排，有時也包括到期未付的本金，但對利息的償還期不予重新安排，必須在償還利息欠款後，重新安排協議才能生效。債務重新安排後典型的還款期為6～9年，包括2～4年的寬限期，利率會高於倫敦銀行同業拆放利率。

(二) 債務資本化

債務資本化是指債務國將部分外債轉變為對本國企事業單位的投資，包括債務轉移股權、債務轉用於資源保護以及債務調換等，從而達到減少其外債的目的。

1. 債務轉換股權

債務轉換股權的基本步驟如下：首先，由政府進行協調、轉換的債務必須屬於重新安排協議內的債務。債權方、債務方和政治各方經談判同意後，委託某中間機構將帶給公共部門或私人部門的貸款向二級市場打折扣出售。其次，投資人向債務國金融當局提出申請。在取得同意後，即以這一折扣買下這筆債務，繼而到債務國中央銀行按官方匯率貼現，兌換成該國貨幣。最後，投資人使用這筆貨幣在該債務國購入股權進行投資。於是這筆債務便從債務國的外國貸款登記機構註銷而轉入股票投資登記機構。

2. 債務轉用於資源保護

債務轉用於資源保護是指債務國通過債務轉換取得資金用於保護自然資源。其具體做法為世界野生物基金組織同債務國金融機構、中央銀行、政府資源管理機構或私人自然資源保護組織達成原則協議，確定兌換當地貨幣的匯率及管理和使用這筆資金的代理機構，然後以收到的捐贈資金從私人銀行或二級市場以折扣價購進債務後，轉售給債務國資源管理機構或私人自然資源保護機構，並向該國中央銀行兌換成該國貨幣，然後再交給資源保護機構用於環保項目投資。

3. 債務調換

債務調換是指債務國發行新債券以償付舊債。其具體做法爲一國以債券形式舉借新債，出售債券取得現款，以便在二級市場上回購債務，或直接交換舊債。

本章小結

國際資本流動是資本跨境轉移的活動。國際資本流動一般分爲長期資本流動和短期資本流動。短期資本流動主要包括貿易性資本流動、金融性資本流動、保值性資本流動和投機性資本流動。長期資本流動主要包括國際直接投資、國際證券投資和國際貸款三種主要方式。

20世紀90年代以來，國際資本流動呈現出一些新的趨勢和特點：間接投資超過直接投資的規模，並表現出證券化的趨勢；發展中國家成爲國際資本流動的一支重要力量；國際資本流動的絕對虛擬化趨勢顯著。

國際資本流動的大規模發展對資本輸出國、資本輸入國以及國際經濟形勢產生深遠的影響。這種影響是雙重的，既有積極的作用，也有消極的作用。

外債是一定時期內一國居民對非居民應還未還的具有契約性償還義務的債務總額。衡量外債高低的指標主要有負債率、債務率、償債率等。

外債危機是指一國不能按時償還其國外債務導致相關國家和地區甚至國際金融市場動盪的一種金融危機。

復習思考題

1. 簡述國際資本流動的主要類型及其特徵。
2. 什麼是國際直接投資？試分析國際直接投資對東道國和母國的利弊。
3. 簡述國際債務危機的解決措施。

實訓操作

通過互聯網查找拉美債務危機相關資料並討論其成因、解決措施。

第九章　國際金融危機

學習目標

- 掌握金融危機的定義、成因、防範及應對措施
- 瞭解金融危機的典型案例

專業術語

　　金融危機　　貨幣危機　　債務危機　　銀行危機　　次貸危機

案例導入

　　東南亞金融危機始於泰國，1997年2月，國際金融市場出現大規模拋售泰銖的風潮，儘管泰國中央銀行採取種種措施，打擊貨幣投機商，以穩定泰銖匯率，但都沒有取得預想的效果，泰銖匯率劇烈波動。1997年7月，泰國政府被迫放棄原有的固定匯率制度，開始實行浮動匯率制度，泰銖匯率下跌16％。泰國的金融危機迅速波及東南亞其他國家，馬來西亞、菲律賓和印度尼西亞的外匯市場也出現了震盪。後來，菲律賓宣佈將固定匯率制度改為"根據市場因素在更大範圍內浮動"的機制，菲律賓比索當即貶值11.6％。馬來西亞中央銀行雖然動用外匯儲備入市干預，但仍未能組織馬來西亞林吉特匯率的跌勢。1997年8月14日，印度尼西亞政府也宣佈放棄固定匯率制度而採取浮動匯率制度。

　　【思考】東南亞金融危機是一次典型的金融危機，那什麼是金融危機？金融危機是如何產生的？有哪些典型的金融危機呢？

第一節　金融危機概述

一、金融危機的含義

　　金融危機（Financial Crisis）是指多個國家與地區的全部或大部分金融指標（如短期利率、貨幣資產、證券、房地產、商業破產數和金融機構倒閉數等）的急劇、短暫和超週期的惡化。金融危機具體表現為貨幣大幅度貶值、股市下跌、金融機構不良資產急劇上升、企業大量倒閉、失業率提高、經濟蕭條，甚至有些時候伴隨著社會動盪或國家政治層面的動盪。

二、金融危機的類型

（一）貨幣危機

貨幣危機是指對貨幣的衝擊導致貨幣大幅度貶值或國際儲備大幅下降的情況。對貨幣的衝擊既包括對某種貨幣的成功衝擊（導致該貨幣的大幅貶值），也包括對某種貨幣的未成功衝擊（只導致該國國際儲備大量下降而未導致該貨幣大幅貶值）。貨幣程度可用外匯市場壓力指標來衡量，該指標是匯率（按直接標價法計算）月變動率與國際儲備月變動率相反數的加權平均數。當該指標超過其平均值的幅度達到方差的3倍時，就將其視爲貨幣危機。

簡而言之，貨幣危機是人們對一國的貨幣喪失信心，大量拋售該國貨幣，從而導致該國貨幣的匯率在短時間內急劇貶值的情形。貨幣經濟通常由泡沫經濟破滅、銀行呆帳壞帳增多、國際收支嚴重不平衡、外債規模過於龐大、財政危機、政治動盪和對政府的不信任等問題引發。例如，1994年墨西哥比索對美元的匯率和1997年泰銖對美元的匯率驟然下跌，都屬於典型的貨幣危機。

（二）債務危機

債務危機是指一國承受債務還本付息壓力過大而影響其經濟運行的情況。衡量一個國家外債清償能力有多個指標，其中最主要的是外債清償率，即一個國家在一年中外債的還本付息額占當年或上一年出口收匯額的比率。一般情況下，這一指標應保持在20%以下，超過20%就說明外債負擔過高。

發展中國家的債務危機起源於20世紀70年代，爆發於20世紀80年代初。1976—1981年，發展中國家的債務迅速增長。1981年，發展中國家外債總額積累達5550億美元。到1985年年底，發展中國家債務總額又上升到8000億美元。1986年年底這一數字爲10350億美元。其中，拉丁美洲地區國家的債務所占比重最大，約爲全部債務的1/3，其次爲非洲，尤其是撒哈拉以南地區國家，危機程度更深。1985年，這些國家的負債率高達200%以上。全部發展中國家受債務困擾比較嚴重的主要有巴西、墨西哥、阿根廷、委內瑞拉、智利和印度等國。

（三）銀行危機

銀行危機是指銀行過度涉足高風險行業（如房地產和股票）或貸款給這些行業的企業，從而導致資產負債嚴重失衡、呆帳負擔過重、資本運營呆滯而破產倒閉的危機。銀行業是金融業的主體，在一國社會經濟生活中具有非常重要的地位，也關係到廣大的民眾。

20世紀90年代以來，世界頻繁發生銀行危機，引發銀行危機的往往是商業銀行的支付困難，即資產流動性缺乏，而不是資不抵債。銀行危機具有多米諾骨牌效應，一家銀行倒閉困難會引發數十家銀行倒閉甚至一國銀行體系的癱瘓。這是因爲資產配置是商業銀行等金融機構的主要經營業務，各金融機構之間因資產配置而形成複雜的債權債務關係，這使得資產配置風險具有很強的傳染性。一旦某個金融機構資產配置失誤，不能保證正常的流動性頭寸，則單個或局部的金融困難就會演變成全局性的金融動盪。

(四) 次貸危機

次貸危機又稱次級房貸危機，是指由美國次級抵押貸款引發的，從 2006 年春季開始顯現，2007 年 8 月席捲美國、歐盟和日本等世界主要金融市場的一場金融危機。次貸危機是繼美國 20 世紀 30 年代大蕭條以來最爲嚴重的一次金融危機。

在 2006 年以前的 5 年裡，由於美國住房市場持續繁榮，次級抵押貸款市場迅速發展。隨著美國住房市場的降溫尤其是短期利率的提高，次級貸款還款利率也大幅上升，購房者的還貸壓力加重。同時，住房市場的持續降溫也使購房者出售住房或通過抵押住房再融資變得困難。這種局面直接導致大批次級貸款的借款人不能按期償還貸款，進而引發了次貸危機。美國的次貸危機迅速擴散到整個金融市場，引起美國股市劇烈動盪，大量金融機構破產和倒閉，影響了消費信貸和企業融資，使美國經濟陷入衰退。與此同時，全球都出現了投資次級債的損失，再加上投資者緊張情緒的蔓延，危機很快影響了全球經濟的增長。

三、金融危機的成因

(一) 匯率制度選擇不當

金融危機通常與固定匯率制度相聯繫，由於固定匯率可以降低匯率波動的不確定性，因此發展中國家傾向於選擇固定匯率制度，將本國貨幣盯住發達國家的貨幣。但是，這樣的匯率制度安排往往會使本幣幣值高估、削弱貨幣政策的獨立性，並且需要較爲雄厚的外匯儲備作爲維持固定匯率制度的保障。本幣幣值高估，使發展中國家出口商品的競爭力下降，經常項目順差持續減少，甚至出現巨額逆差。再加上其他不穩定因素，極易引發資本外逃，本幣出現巨大的貶值壓力，發展中國家不得不進行外匯干預，外匯儲備快速消耗，國內利率大幅提高。隨著中央銀行維持固定匯率制度的成本不斷提高，最終難以爲繼，只得放棄固定匯率制度，轉而實行浮動匯率制度，本幣出現惡性貶值，爆發貨幣危機。

(二) 金融體系脆弱

在許多發展中國家，銀行收入過度集中於貸款收益，但風險管理和控制能力又較爲薄弱。信貸規模過度膨脹，其增長速度遠遠超過了工商業的增長速度和儲蓄的增長速度，迫使許多銀行向國外舉債。這些資本充足率較低而又缺乏嚴格監管的銀行在國際金融市場大肆借款，再貸款給國內，由於幣種、期限的不匹配，從而積累大量不良貸款，銀行系統也就越發脆弱。

(三) 經濟基礎薄弱，財政赤字嚴重

強大的制造業、合理的產業結構是防止金融動盪的堅實基礎，產業結構的嚴重缺陷是造成許多國家經濟危機的原因之一。有些國家產業結構調整滯後，經濟發展過多依賴初級產品的礦產資源的出口，或長期停留在勞動密集的加工制造業。此外，政府為刺激經濟，採取了擴張性的宏觀經濟政策，從而使財政赤字不斷擴大。

(四) 跨國傳播

貿易自由化、區域經濟一體化，特別是國際資本流動的便利化，使得一國發生金融危機後，極易引起鄰近國家的金融市場發生動蕩，新興市場表現尤為明顯。一方面，投資者擔心其他投資者會拋售證券，為防止自身損失，從而做出拋售決定；另一方面，若投資者在一國資產上出現虧空，他們會通過在其他新興市場出售類似的資產彌補整個資產的虧損。

四、金融危機的防範與應對

(一) 防範措施

就歷史經驗來看，金融危機的爆發通常都經過一段相當長時間的能力積蓄，最後由某一個或幾個因素引爆。綜合各國的經驗教訓，金融危機的防範措施主要如下：

1. 適當的匯率制度

一個國家應當選擇與本國經濟發展狀況相適應的匯率制度。發展中國家應確立相對穩定的匯率制度，相對穩定的匯率制度便於貿易與投資，減少相關匯率風險。適時調整是要避免幣值高估或低估，以免給貨幣投機留下可乘之機。

2. 健全的金融體系

一個健康、健全的金融體系要求具備以下條件：具有足夠的風險管理能力和競爭能力的金融機構；具備充分的財務管理能力、良好的財務結構、資產與負債比率保持合理水平的企業；建立在市場競爭機制基礎上的銀企關係；能夠建立且有效進行決策的中央銀行等。

3. 合理的外債規模

在全球化時代，積極地舉借外債已成為發展中國家決策者的常規選擇，然而過度依賴外資是引發新興市場金融危機的重要原因。因此，外資在國內總投資所佔比重應適度，利用外資要與國家的對外支付手段和融資能力相適應。

4. 保持區域金融穩定

加強區域經濟合作、保持區域金融穩定、區域經濟大國發揮更重要的穩定作用以及建立風險轉移機制等都是經濟全球化背景下防範金融危機的重要問題。

(二) 應對措施

由於各國國情以及政治、經濟、外部環境不同，應對危機的方法與手段則有較大差異。但是，金融危機的突出表現就是傳染性，一些應對危機的有效措施還是具有重要借鑒意義的。

1. 控制資本外流

在出現大規模資本外流時，可以對資本外流進行控制。一是由政府單方面宣布控制資本外流。例如，日本就通過立法規定，當出現國際收支失衡、日元匯率急劇波動、資本流動對金融市場帶來不良影響等非常情況下，有關部門可對資本交易實施管制。

二是國際貨幣基金組織等國際組織宣布"凍結債務",防止國外債權人(國際銀行、投資者)單方面撤資情況的出現,並建立一種能夠以適當方式使債權人與債務人分擔損失的機制。

2. 匯率制度改革

固定匯率制度下,本幣和掛勾貨幣的幣值容易產生不對稱的變化,這就削弱了各國貨幣政策的獨立性,擴大了國內外利差,使各國對短期外債的依賴性不斷加深。固定匯率制度變更後,不僅可以使匯率水平在經過巨幅貶值後回升,還可以刺激出口、抑制進口,使得貿易赤字不斷減小。同時,匯率制度改革有助於增強各國貨幣政策的獨立性,使各國貨幣當局能夠靈活運用利率槓桿促進經濟發展。

3. 迅速的金融調整與強力的金融監管

1999年的巴西政府為平息金融動盪,中央銀行首先提高利率水平,防止資金大量外流,穩定金融市場。當市場相對穩定後,中央銀行又及時分期下調利率,減輕對企業的衝擊。中央銀行對在金融動盪中參與股市炒作、有違規行為的金融機構和企業進行調查,對違規的金融機構和企業給予相應制裁。同時,中央銀行還制定了一系列穩定金融市場的規定,包括任何銀行和企業不得聯手進行投資基金的操作與交易,任何銀行不得為自己管理的基金進行擔保,任何金融機構不得用自己發行的債券對自己的業務進行擔保。此外,中央銀行加強了對外匯市場的監督,提高交易透明度,對外匯交易在時間和數量上進行限制。

4. 有效引導公眾預期,爭取公眾的支持

金融危機通常集中反應了國外投資者與國內公眾的信心危機。穩定國外投資的信心,尤其是爭取國內公眾對反危機政策的理解和支持,對穩定經濟局勢、擺脫危機、恢復經濟具有重要作用。

5. 區域合作機制的快速啓動

區域合作能及時獲得金融支持,以防止信任程度下降,從而平抑市場動盪,比國際合作或接受國際貨幣基金組織的救援更加有效。區域金融合作包括加強中央銀行之間的磋商、貨幣互換協議等。

第二節 金融危機的典型案例

20世紀90年代以來,金融危機頻頻發生,先後施虐於西歐(1992—1993年)、墨西哥(1994—1995年)、東南亞(1997—1998年)、俄羅斯(1998年)、巴西(1999年)、土耳其(2001年)、阿根廷(2001—2002年)等國家或地區。大多數遭受金融危機侵襲的國家或地區幾乎都經歷了同樣的過程,即固定匯率制度—經濟快速增長—貨幣價值高估—財政赤字不斷上升、國際收支持續惡化—貨幣貶值—金融危機爆發。本節對幾次典型的金融危機進行分析。

一、1992—1993 年歐洲貨幣體系危機

1979 年，歐洲貨幣體系（Europe Monetary System，EMS）正式建立，聯邦德國、法國、義大利等 8 個國家構建了聯合浮動的匯率制度。具體而言，就是該貨幣體系內部，各個國家之間實行固定匯率制度，整個貨幣體系對外實行統一的浮動匯率制度。

(一) 爆發過程

1990 年，聯邦德國和民主德國統一，德國的經濟實力因此大大增強，但同時德國政府也出現了巨額財政赤字，造成通貨膨脹壓力上升。為了緩解通貨膨脹壓力，德意志聯邦銀行收緊銀根，連續提高再貼現率。而英國、義大利等國則經濟不景氣，經濟增長緩慢、失業增加，其需要降低利率水平、刺激企業投資、擴大就業、刺激居民消費以提振經濟。因此，德國和英國、義大利等國的利差擴大，使外匯市場上出現了拋售英鎊、里拉，購買德國馬克的風潮，致使德國馬克不斷升值。為了維持義大利里拉與歐洲貨幣單位之間的平價關係，到 1992 年 9 月 11 日，德意志聯邦銀行動用了 240 億馬克對外匯市場進行干預。但是由於投機壓力過大，歐洲貨幣體系不得不在同年 9 月 13 日同意里拉貶值，里拉對歐洲貨幣單位一次性貶值幅度達到 7%，之後里拉退出了聯合浮動機制。為保護英鎊，英格蘭銀行損失數十億美元，但最終也不得不於 1992 年 9 月 16 日宣布英鎊對歐洲貨幣單位之間的匯率開始浮動，退出聯合浮動機制。1992 年年底前後，西班牙、葡萄牙、愛爾蘭等國家相繼宣布本幣貶值。

(二) 危機原因分析

歐洲貨幣體系危機爆發的原因主要集中在歐洲貨幣體系建設目標與各國貨幣政策獨立性之間的矛盾上。其具體表現如下：

1. 刺激經濟復蘇的目標與歐洲聯合建設目標之間存在矛盾

西歐大多數國家經濟自 1990 年下半年始增長速度明顯下降，為遏制經濟進一步衰退，盡快擺脫困境，各國都需要刺激消費和投資，促使經濟回升。但是履行歐洲貨幣體系要求的承諾，維持本幣與馬克之間的貨幣兌換平價，就要與德國保持一致，提高本國利率，犧牲本國經濟。

2. 國際資本和國內資本的影響

美國經濟自 1991 年開始陷入衰退，為了刺激經濟復蘇，其連降利率，而德國出於抑制通貨膨脹的目的而保持高利率，投資者大量拋售美元，買進馬克。在德國國內，由於德國經濟增長前景不樂觀，大量資本從股票市場湧入外匯市場投資馬克，致使馬克匯率格外堅挺，增加了歐洲其他軟貨幣貶值的壓力。

3. 歐共體各國經濟發展不平衡

德國經濟狀況尚好，但由於兩德統一，亟須對東部地區進行經濟改造、基礎設施建設，政府開支巨大，面臨巨額財政赤字和通貨膨脹的壓力。而英國等國家的經濟未能擺脫衰退狀況。解決國內問題仍是各國的首要任務，使得各國採取不同的經濟政策。

4. 歐洲貨幣體系的自身缺陷

歐洲匯率機制缺乏靈活性和彈性，這同成員國獨立貨幣政策之間存在矛盾。該機

制使在經濟和財政上的差異沒有在其貨幣的匯率上表現出來，成員國並不能完全依據自身經濟條件調整利率和匯率，政府間也缺少合作。

二、1994年墨西哥比索危機

自20世紀80年代中期以後，墨西哥奉行新自由主義經濟政策，實行對外高度開放和國內經濟改革及政策調整，取得了宏觀經濟形勢改善、經濟相對穩定增長的積極成果。但與此同時，墨西哥在經濟政策上也存在一些隱患，最終導致經濟結構失衡、社會矛盾激化、政局不穩等後果。

(一) 爆發過程

1994年3月，墨西哥總統候選人遇刺，使得公衆對墨西哥政局的穩定產生懷疑，開始出現大量資本外流，在短短兩天內就失掉了40億~50億美元的外匯儲備。1994年年底墨西哥外匯儲備幾乎枯竭，最後墨西哥政府被迫宣布新比索自由浮動，新比索貶值65.8%，在匯率急劇下挫的同時，股市交易崩潰，金融危機爆發。

(二) 危機原因分析

墨西哥比索危機的根本原因主要集中在自身經濟改革和政策調整過程中存在的一些問題。其具體表現如下：

1. 經常項目巨額逆差是誘發金融危機的根本原因

貿易自由化使墨西哥在加入北美自由貿易區後，進口大幅增加，耗費了大量的外匯儲備。資本流入提高了比索的幣值，導致出口競爭力下降，推動經常項目的進一步惡化。比索高估阻礙了出口，刺激了進口，使得貿易逆差加大。

2. 國內經濟結構失調是爆發金融危機的深層次原因

墨西哥民間投資嚴重不足，投資資金主要流向不動產、商業和金融市場，投機活躍，產業結構極不平衡。快速的私有化進程使國有資產大量流失，國家調控經濟的能力嚴重削弱。經濟發展過分依賴外資，同時政府對外資缺乏正確引導，資金的不穩定性導致經濟增長的脆弱性。

3. 國內政治衝突及國際經濟金融環境的變化是引發危機的直接原因

國內一系列暴力事件使投資者懷疑投資獲利的可能性，動搖了市場信心。外部因素特別是美國利率的提高和美國經濟復蘇使投資者的註意力轉向。這些都是促成資本外逃和引發危機的直接原因。

三、1997年東南亞金融危機

進入20世紀90年代，隨著日本、韓國、新加坡等的勞動力成本不斷上升，促使以勞動密集型爲主的外商投資企業開始轉向勞動力成本相對較低的泰國、馬來西亞、印度尼西亞等東南亞國家。同時，隨著東南亞國家金融市場逐步開放，國際資本開始大量湧入。這些都帶動了東南亞國家的出口增長和經濟發展，使得國民收入和民間儲蓄逐年增加。

但進入20世紀90年代後期，東南亞國家也開始出現勞動力不足的現象，工資逐年提高，促使勞動力密集型爲主的外商投資企業開始轉向其他地區。泰國、馬來西亞、印度尼西亞等東南亞國家由於未能在資金大量流入時將其引向高科技產業，促進產業升級，提高國際競爭力，因此當勞動密集型產業逐漸移出去後，出口嚴重下滑，外匯短缺，經常項目赤字，銀行不良資產上升，經濟增長開始逐年下降。

(一) 爆發過程

自1997年6月爆發到1998年年底基本結束的東南亞金融危機大體分爲三個階段：

第一階段：1997年7月2日，泰國宣布放棄固定匯率制，實行浮動匯率制，引發一場遍及東南亞的金融風暴。當天，泰銖兌換美元的匯率下降了17%，外匯及其他金融市場一片混亂。在泰銖波動的影響下，菲律賓比索、印度尼西亞盾、馬來西亞林吉特相繼成爲國際炒家的攻擊對象。同年8月，馬來西亞放棄保衛林吉特的努力。一向堅挺的新加坡元也受到衝擊。印度尼西亞雖是受"傳染"最晚的國家，但受到的衝擊最爲嚴重。同年10月下旬，國際炒家移師國際金融中心中國香港，矛頭直指香港聯繫匯率制。臺灣突然棄守新臺幣匯率，新臺幣一天貶值3.46%，加大了對港幣和香港股市的壓力。1997年10月23日，香港恒生指數大跌1 211.47點。1997年10月28日，香港恒生指數下跌1 621.80點，跌破9 000點大關。面對國際金融炒家的猛烈進攻，中國香港特區政府重申不會改變現行匯率制度，恒生指數上揚，再上萬點大關。同年11月17日，韓元對美元的匯率跌至創紀錄的1 008∶1。21日，韓國政府不得不向國際貨幣基金組織求援，暫時控制了危機。但到了12月13日，韓元對美元的匯率又降至1 737.60∶1。韓元危機也衝擊了在韓國有大量投資的日本金融業。1997年下半年，日本的一系列銀行和證券公司相繼破產。東南亞金融風暴演變爲亞洲金融危機。

第二階段：1998年年初，印度尼西亞金融風暴再起，面對有史以來最嚴重的經濟衰退，國際貨幣基金組織爲印度尼西亞制定的對策未能取得預期效果。同年2月11日，印度尼西亞政府宣布將實行印度尼西亞盾與美元保持固定匯率的聯繫匯率制，以穩定印度尼西亞盾。此舉遭到國際貨幣基金組織及美國、西歐的一致反對。國際貨幣基金組織揚言將撤回對印度尼西亞的援助。印度尼西亞陷入政治經濟大危機。同年2月16日，印度尼西亞盾同美元比價跌破10 000∶1。受其影響，東南亞匯市再起波瀾，新加坡元、馬來西亞吉特幣、泰銖、菲律賓比索等紛紛下跌。直到同年4月8日印度尼西亞同國際貨幣基金組織就一份新的經濟改革方案達成協議，東南亞匯市才暫告平靜。1997年爆發的東南亞金融危機使得與之關係密切的日本經濟陷入困境。日元匯率從1997年6月底的115日元兌1美元跌至1998年4月初的133日元兌1美元。1997年5~6月，日元匯率一路下跌，一度接近150日元兌1美元的關口。隨著日元的大幅貶值，國際金融形勢更加不明朗，亞洲金融危機繼續深化。

第三階段：1998年8月初，在美國股市動盪、日元匯率持續下跌之際，國際炒家對中國香港發動新一輪進攻。恒生指數跌至6 600多點。中國香港特區政府予以回擊，金融管理局動用外匯基金進入股市和期貨市場，吸納國際炒家拋售的港幣，將匯市穩定在7.75港幣兌換1美元的水平上。一個月後，國際炒家損失慘重，無法再次實現把中國香港作爲"超級提款機"的企圖。國際炒家在中國香港失利的同時，在俄羅斯更遭慘敗。俄羅斯中央銀行於1998年8月17日宣布年內將盧布兌換美元匯率的浮動幅度擴大到6.0~9.5：1，並推遲償還外債及暫停國債券交易。1998年9月2日，盧布貶值70%。這些都使俄羅斯股市、匯市急劇下跌，引發金融危機乃至經濟、政治危機。俄羅斯政策的突變，使得在俄羅斯股市投下巨額資金的國際炒家大傷元氣，並帶動了美歐國家股市和匯市的全面劇烈波動。

(二) 危機原因分析

1. 從經濟增長目標來看，未能實現可持續的經濟增長

對於發展中國家而言，要縮小與發達國家的差距，必須保持較高的經濟增長速度。但是，東南亞國家在加快發展時，未能使效率和效益結合，環境被忽略和惡化、高層腐敗、不完善的金融系統和貧富差距等問題都被掩蓋。

2. 從經濟結構來看，產業結構調整嚴重滯後

東南亞國家長期實行外向型經濟，對外貿易在經濟發展中至關重要，直到1995年，泰國、馬來西亞、菲律賓、印度尼西亞等國出口仍有增長。進入1996年後，隨著四國經濟出現衰退，出口急劇下降。以泰國為例，其高度依賴傳統初級產品的出口；因通貨膨脹和泰銖的實際貶值，以美元計算的實際出口增長逐年下降；勞動力成本逐年上升，制成品出口競爭力提高緩慢；出口退稅管理不善，虛假出口現象較多，騙稅嚴重，進而導致虛假的出口高增長掩蓋了出口競爭力下降的現實；進出口不平衡問題沒有及時得到解決，進口結構偏向高檔消費品，助長了國內經濟過熱現象。由此導致了1996年泰國經常項目赤字高達162億美元。

3. 從政府的宏觀調控來看，金融市場開放過快且匯率制度選擇不當

一方面，隨著東南亞經濟快速發展和金融自由化的擴大，大量外資流入，金融市場開放速度過快，政府並未及時有效地進行調控和監管；另一方面，匯率制度選擇不當，導致投機加劇，直接引致了危機爆發。

4. 從資本來源來看，外債負擔過重

為了解決經濟快速發展與資金缺乏之間的矛盾，東南亞國家大量向國外借款。1995年之後美元急劇升值，由於東南亞國家採取固定匯率制度，致使東南亞國家貨幣也隨之升值，這就迫使政府不得不保持高利率，給大量短期投機活動提供了機會。

四、2007年美國次貸危機

2007年2月美國次貸危機爆發，影響波及全球，許多商業銀行、投資銀行、對衝基金、保險公司等金融機構都遭受損失。其不僅導致金融市場波動，而且也對實體經濟造成了衝擊。

(一) 概念

次貸危機又稱次級房貸危機（Subprime Lending Crisis）。在美國，根據借款人的信用狀況、償付額占收入比率和抵押貸款占房產價值比率，住房抵押貸款在市場上主要分為優質抵押貸款、次優抵押貸款和次級抵押貸款三種信用等級不同的貸款。次貸就是次級房屋抵押貸款的簡稱，是美國金融機構向信用等級較差，即信用記錄較差、收

入證明缺失、信用分數低於 620 分、負債較重的人提供的一種抵押貸款。其流程如圖 9.1 所示。相對於給信用等級較好的人提供的優質抵押貸款，信用等級較差的人取得的次級抵押貸款在還款方式和利率上，通常被迫遵守嚴格的還款方式和支付更高的利率。次級抵押貸款的貸款利率通常比優惠級抵押貸款的貸款利率高 2%～3%，是一項高風險、高回報的業務。

從圖 9.1 中可以看出，次級抵押貸款公司屬於中介機構。貸款中介的盈利是與貸款量掛勾的，它不需要註重貸款品質。因此，它們在行銷中往往通過誤導消費者來達到目的。

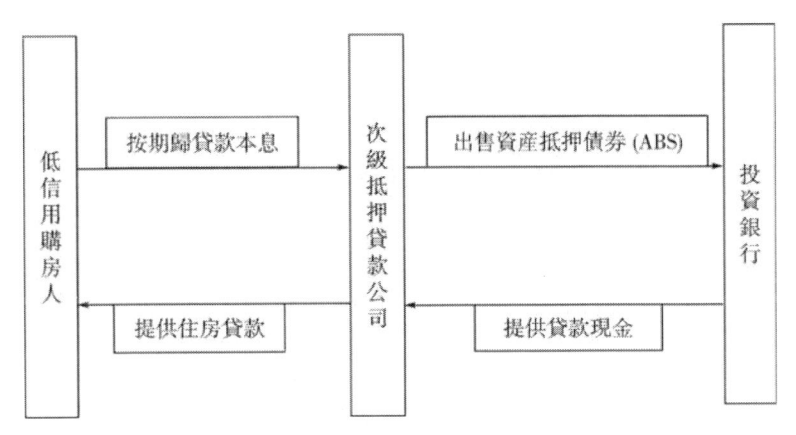

```
┌─────────┐  按期歸貸款本息  ┌─────────┐  出售資產抵押債券(ABS)  ┌─────┐
│低信用購房人│ ──────────→ │次級抵押  │ ──────────────→ │投資 │
│         │ ←────────── │貸款公司  │ ←────────────── │銀行 │
└─────────┘   提供住房貸款   └─────────┘    提供貸款現金      └─────┘
```

圖 9.1　美國次級抵押貸款流程

(二) 產生原因

在美國的次級抵押貸款產品中，使用最多的是可調整利率抵押貸款，這是一種定期調整借貸利率的抵押貸款。該產品的特點是在還款的前幾年，每月按揭還款很低且數額固定，而一定時間之後，一般情況是 2 年，借款人的還款壓力陡增，增幅可能為 2～3 倍。次貸危機的爆發與此產品有直接聯繫。

貸款中介在銷售該產品時，往往不會對這一風險做充分的提示，或者告知消費者房地產的升值幅度會快於利息負擔的增加，風險是可控的。而一般借款人在申請貸款時根本沒有意識到 2 年後利息的大幅度調高和房地產泡沫的破裂。

顯然，次級抵押貸款產品設計上的缺陷是導致次貸危機的最根本因素。美國宏觀政策的轉變是次貸危機爆發的直接原因。

第一，長時期的低利率政策導致流動性充足和房地產景氣。2004 年以前，美聯儲為了消除互聯網泡沫和 "9・11" 恐怖襲擊帶來的不利影響，刺激經濟的增長，實行了長時期低利率政策。次級抵押貸款公司受利益驅動，大幅降低信貸標準，甚至推出 "零首付" "零文件" 的貸款方式，雖活躍了市場，但風險加速積聚。

第二，加息週期導致房地產泡沫破滅。由於原油和大宗商品價格的持續上漲，美聯儲為了抑制通貨膨脹，貨幣政策轉向緊縮，2004 年上半年後開始加息，帶來了美元新一輪的升值週期。面對利率上升及房地產市場價值下跌的雙重打擊，次級抵押貸款的違約率不斷上升，導致以這些貸款為基礎的 MBS（次級住房抵押貸款支持證券，Mortgage Backed Securities）和 CDO（擔保債務憑證，Collateralized Debt Obligation）的價格暴跌，出現了拋售，但買家寥寥無幾，二級市場缺少流動性，最終引發了影響全球的次級債危機。

第三，住房抵押貸款公司、投資銀行、評級公司等中介機構的助推作用。次級抵押貸款產品本身的缺陷必然會導致次貸危機，而中介機構所起的作用則使這次危機影響程度更深、影響範圍更廣、影響時間更長。

(三) 實質

次貸危機一方面是信用危機，引起了人們對金融機構信用的全面估值；另一方面也是流動性危機，在各大金融機構紛紛虧損時，信貸緊縮加劇。流動性危機影響了投資者的信心，而信心危機反過來又加劇了流動性危機。此外，次貸危機引起了股市的大跌，拖累了全球的實體經濟。

(四) 啟示

次貸危機帶來的主要啟示如下：
(1) 政府不僅不能在金融市場中缺位，還必須加強對金融體系的宏觀監管。
(2) 重新思考美國在國際金融體系中的作用。
(3) 加強經濟政策之間的協調，註意經濟政策的前瞻性。

本章小結

金融危機是指多個國家與地區的全部或大部分金融指標（如短期利率、貨幣資產、證券、房地產、商業破產數和金融機構倒閉數等）的急劇、短暫和超週期的惡化。

引發金融危機的原因主要包括匯率制度選擇不當、金融體系脆弱、經濟基礎薄弱、財政赤字嚴重、危機跨國傳播等。

適當的匯率制度、健全的金融體系、合理的外債規模，並保持區域金融穩定有助於防範貨幣危機的爆發。在遭受貨幣危機後，政府可以通過控制資本外流、匯率制度改革、迅速的金融調整與強力的金融監管、有效引導公眾預期，並快速啟動區域合作機制等應對危機。

復習思考題

1. 什麼是國際金融危機？其主要表現形式有哪些？
2. 簡述引發國際金融危機的主要原因。
3. 簡述一國防範金融危機的主要措施。

實訓操作

請收集東南亞金融危機、美國金融危機和歐洲主權債務危機的相關資料，分析其是否屬於貨幣危機，各有哪些特點。

參考文獻

1. 付玉丹，袁淑清. 國際金融實務 [M]. 北京：北京大學出版社，2013.
2. 王文青. 國際金融理論與實務 [M]. 成都：西南財經大學出版社，2013.
3. 雷仕鳳，王芬. 國際金融學 [M]. 北京：經濟管理出版社，2010.
4. 於研. 國際金融 [M]. 上海：上海財經大學出版社，2014.
5. 王愛儉. 國際金融概論 [M]. 北京：中國金融出版社，2005.
6. 孟昊. 國際金融理論與實務 [M]. 2 版. 北京：人民郵電出版社，2014.
7. 楊長江，姜波克. 國際金融學 [M]. 3 版. 北京：高等教育出版社，2008.
8. 陳雨露. 國際金融 [M]. 4 版. 北京：中國人民大學出版社，2011.
9. 劉玉操，曹華. 國際金融實務 [M]. 4 版. 大連：東北財經大學出版社，2013.
10. 馬君潞，陳平，範小雲. 國際金融 [M]. 北京：科學出版社，2012.

國家圖書館出版品預行編目(CIP)資料

國際金融理論與實務/ 朱靖 主編. -- 初版.
-- 臺北市：崧燁文化，2018.07

　面；　公分

ISBN 978-957-681-306-1(平裝)

1.國際金融

561.8　　　　107010927

書名：國際金融理論與實務
作者：朱靖 主編
發行人：黃振庭
出版者：崧燁文化事業有限公司
發行者：崧燁文化事業有限公司
E-mail：sonbookservice@gmail.com
粉絲頁　　　　　網址：
地址：台北市中正區重慶南路一段六十一號八樓815室
8F.-815, No.61, Sec. 1, Chongqing S. Rd., Zhongzheng Dist., Taipei City 100, Taiwan (R.O.C.)
電　話：(02)2370-3310　傳　真：(02) 2370-3210
總經銷：紅螞蟻圖書有限公司
地址：台北市內湖區舊宗路二段121巷19號
電話:02-2795-3656　　傳真:02-2795-4100　網址：
印　刷：京峯彩色印刷有限公司（京峰數位）

　　本書版權為西南財經大學出版社所有授權崧博出版事業股份有限公司獨家發行電子書繁體字版。若有其他相關權利需授權請與西南財經大學出版社聯繫，經本公司授權後方得行使相關權利。

定價：300 元

發行日期：2018 年 7 月第一版

◎ 本書以POD印製發行